Matthias Hoch

Silver Tower

Matthias Hoch

Harald Kunde [Hrsg.]
Andreas Maier
Markus Weisbeck

Silver Tower Frankfurt / Main 2009–11

Spector Books

01 Silver Tower #26 2010

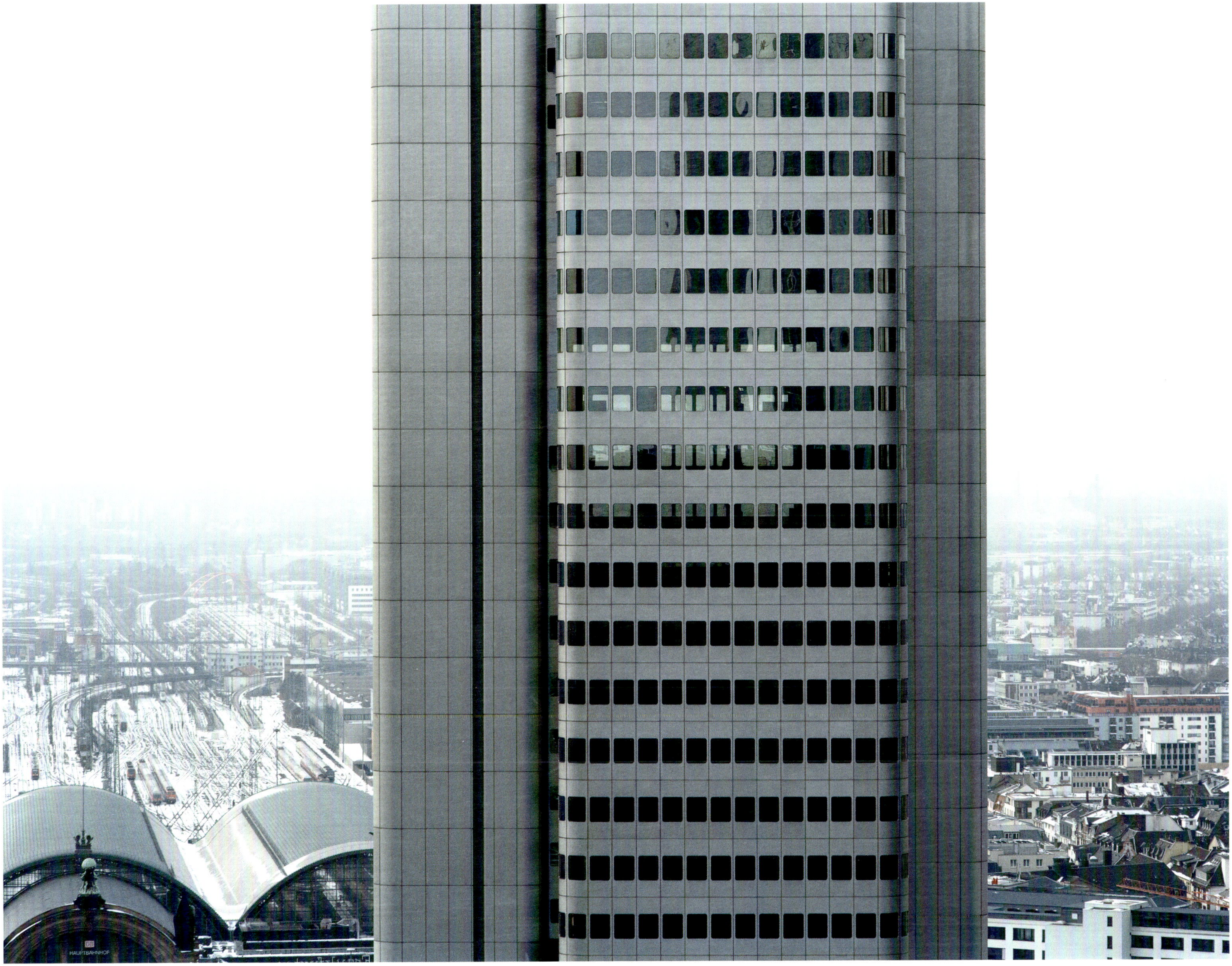

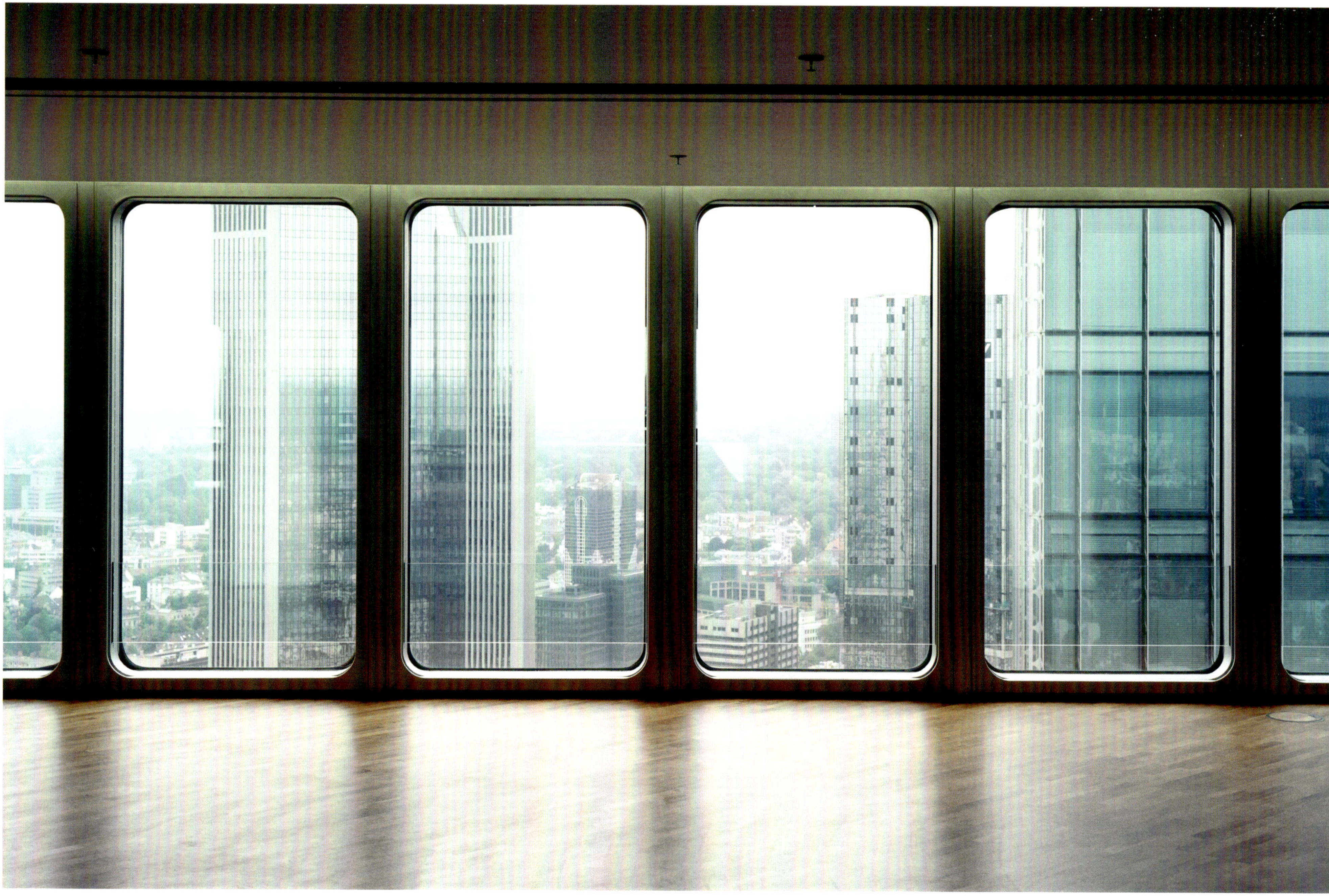

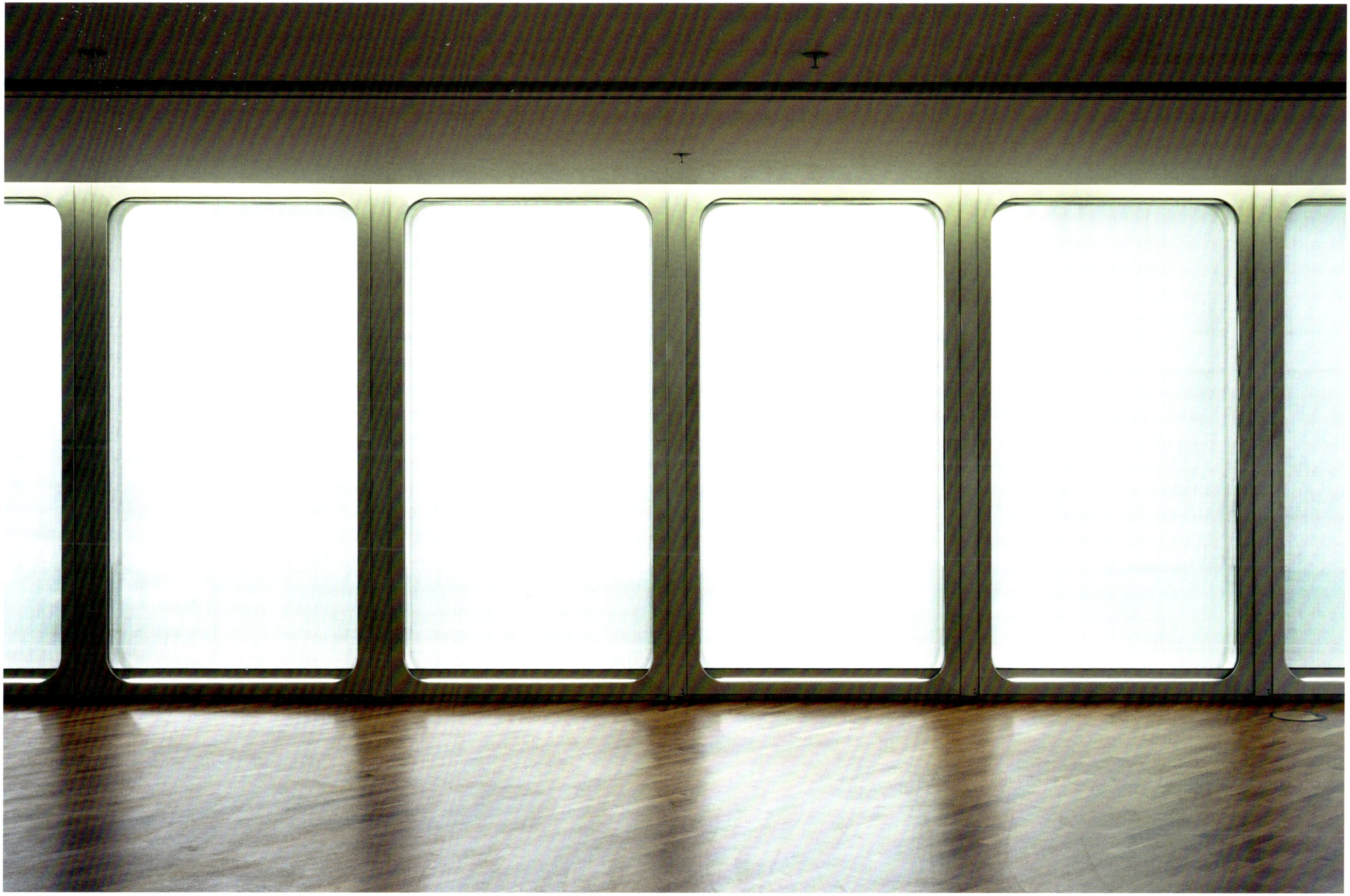

02	Silver Tower #3	2009
03	Silver Tower #4	2009
04	Silver Tower #2	2009

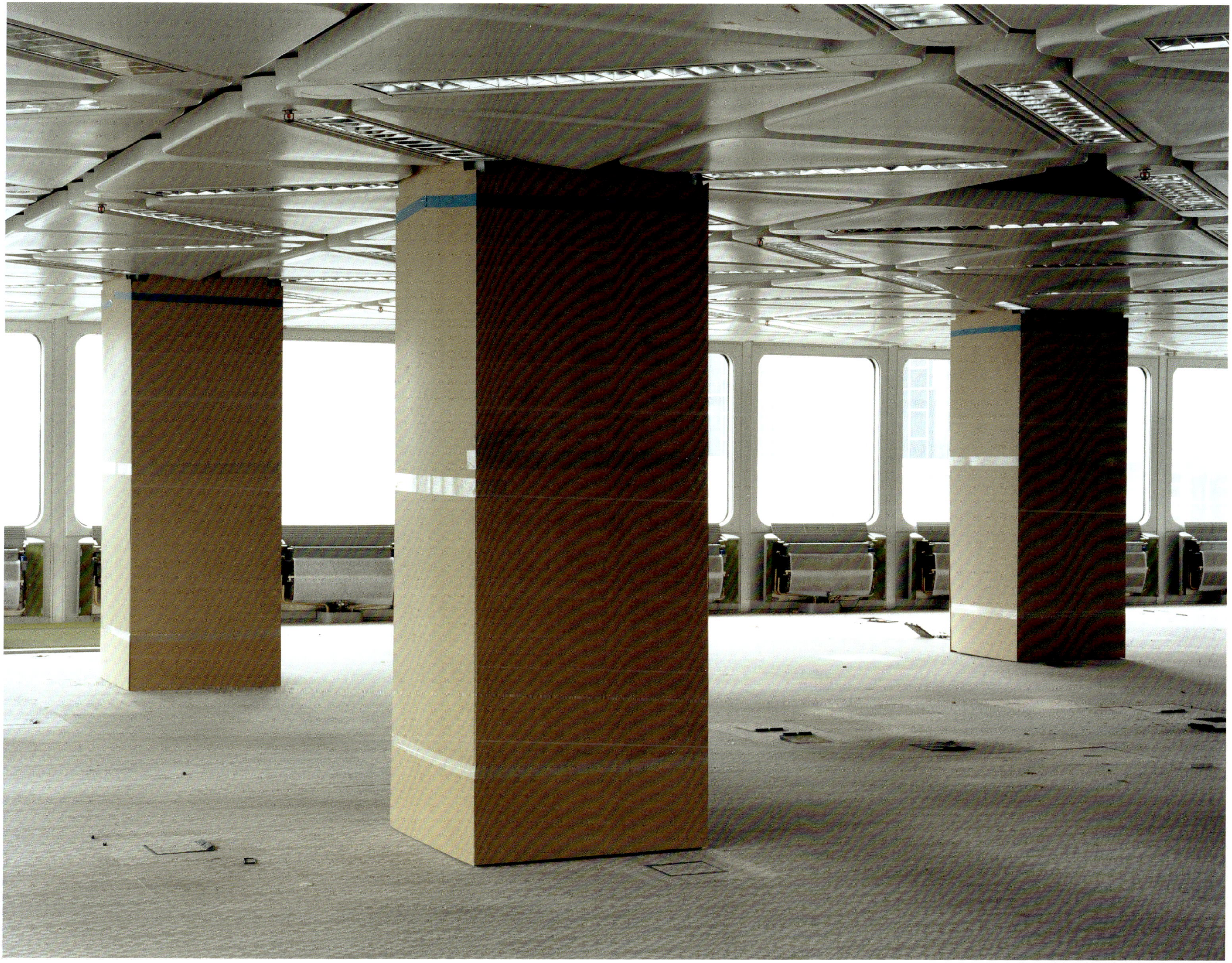

05 Silver Tower #28 2010

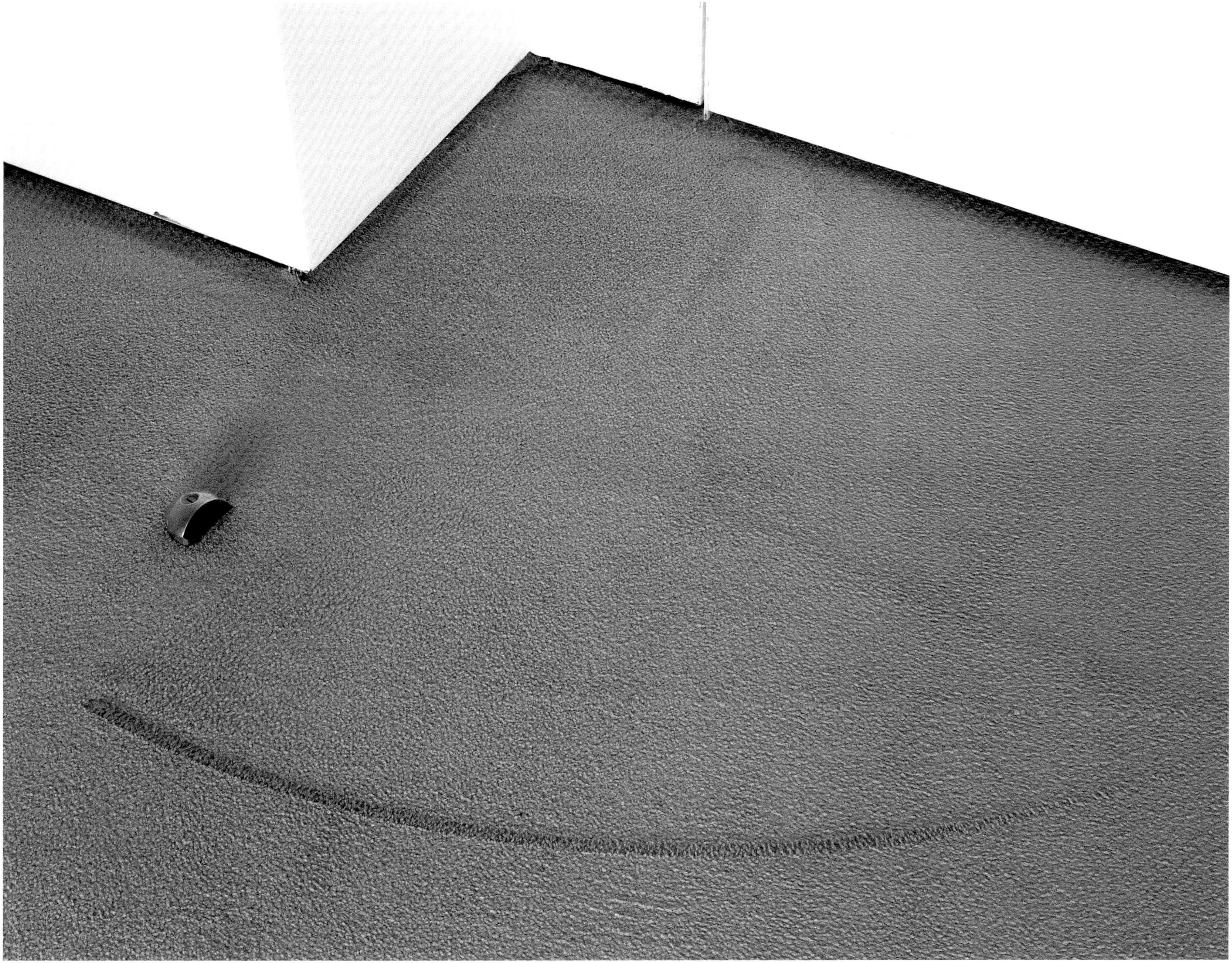

06 Silver Tower #11 2010

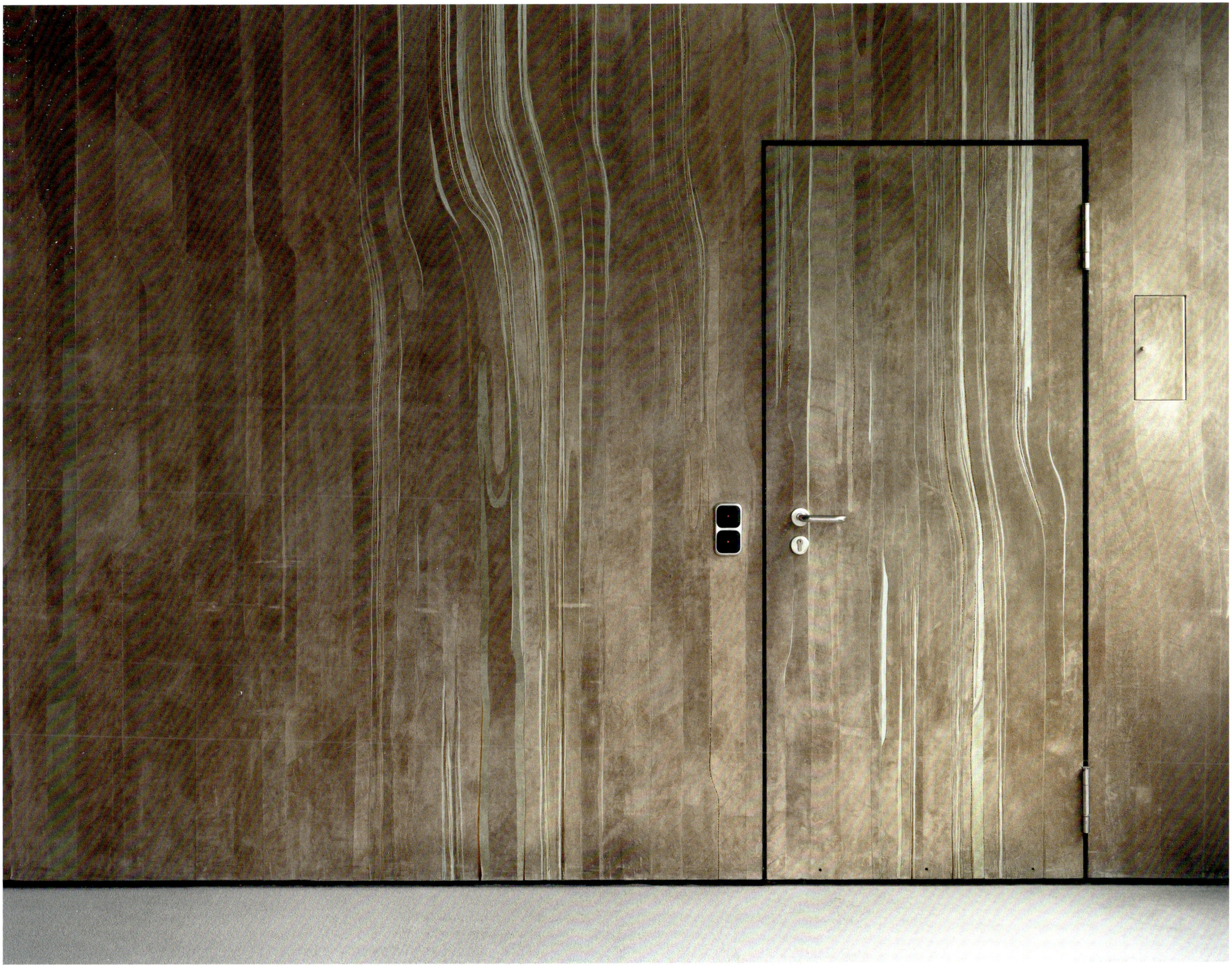

07 Silver Tower #10 2010

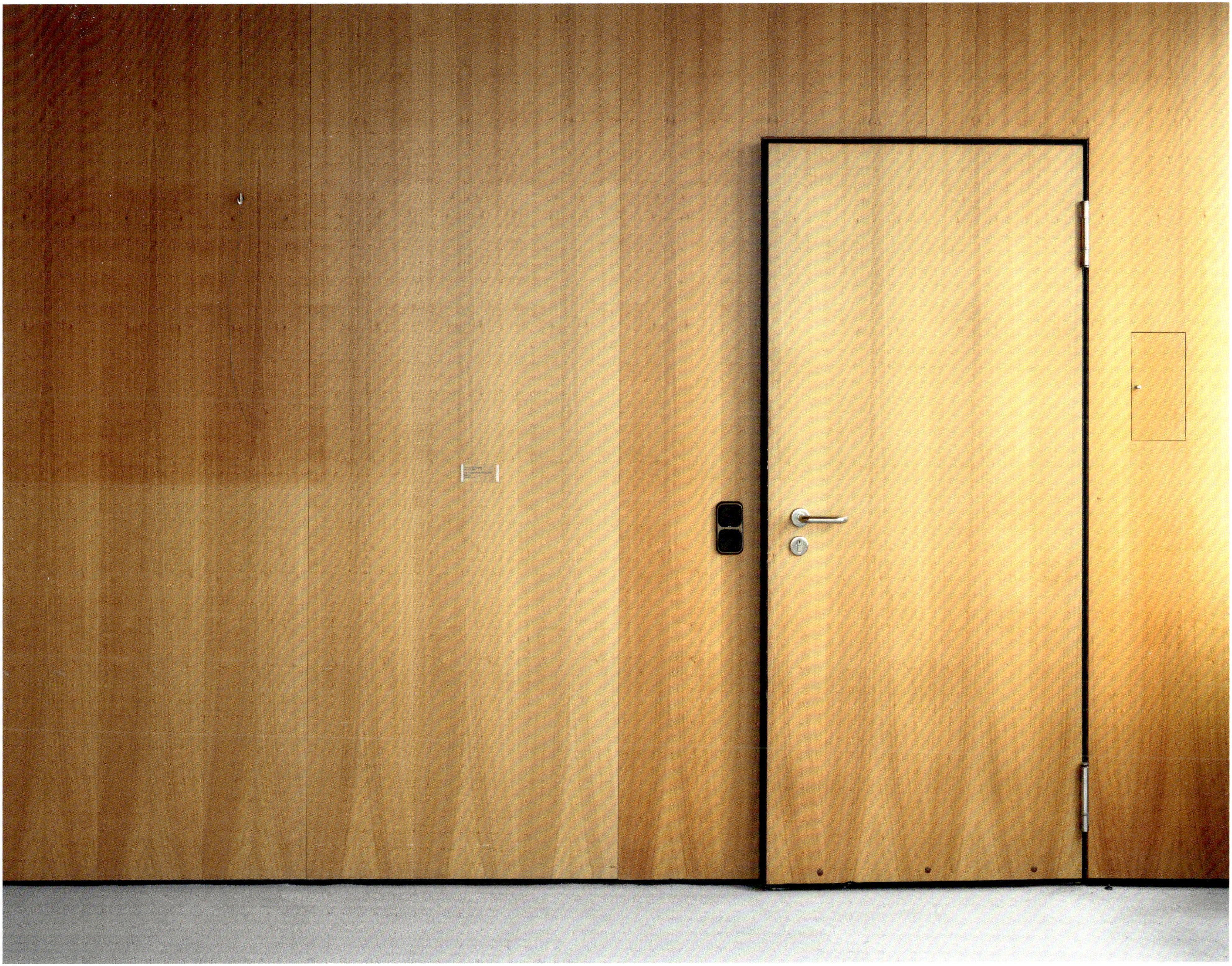

08 Silver Tower #5 2009

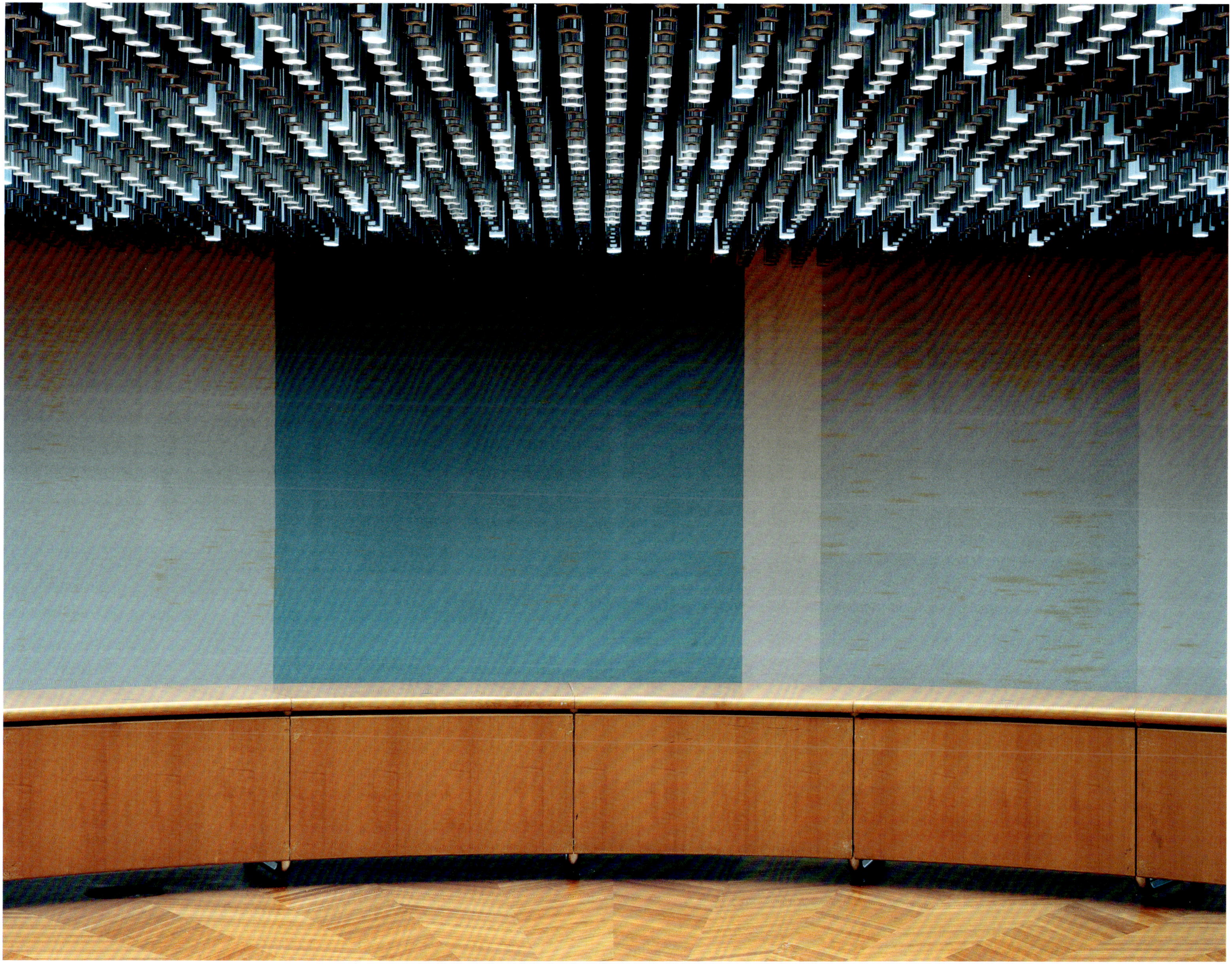

09 Silver Tower #1 2009

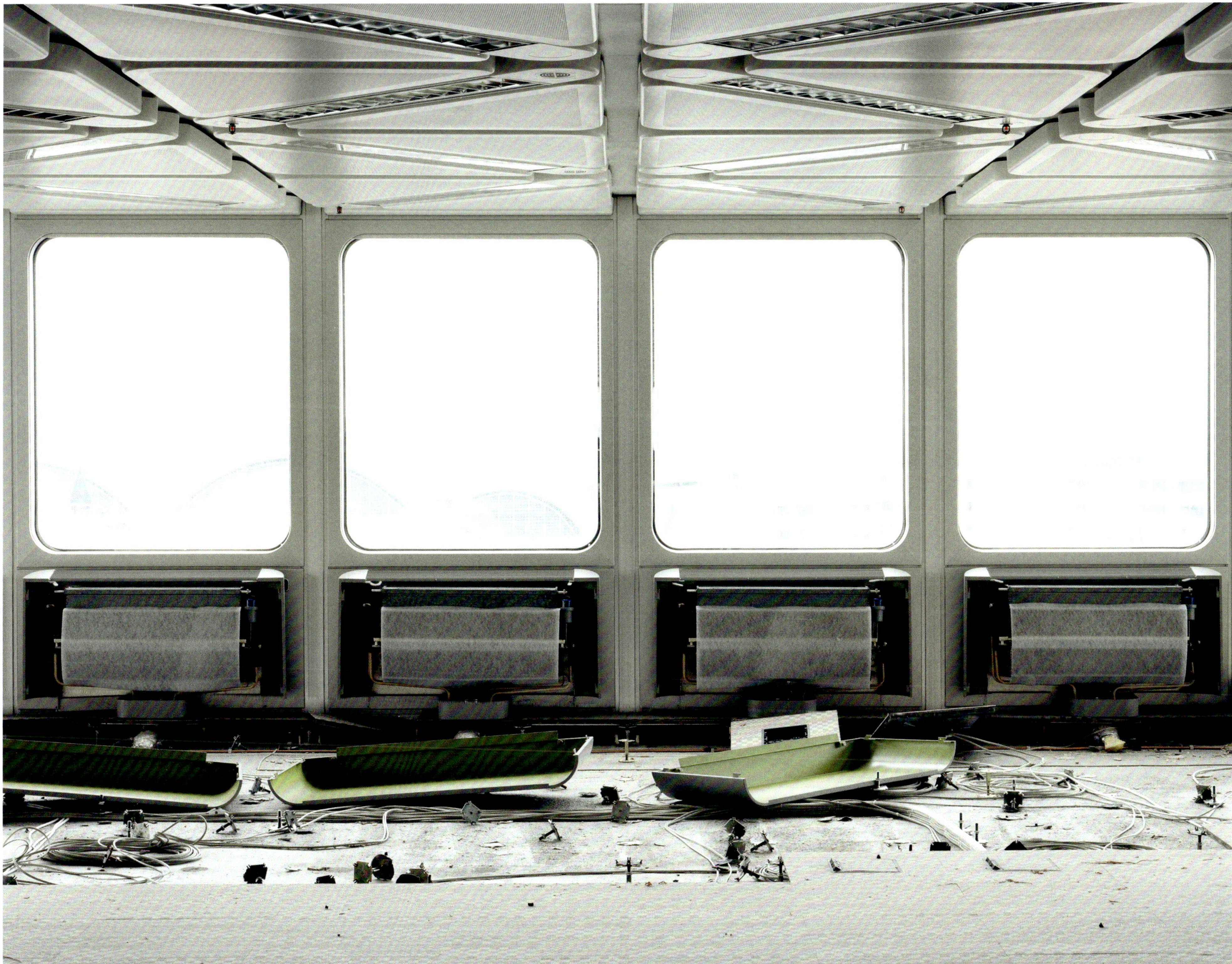

10 Silver Tower #21 2010

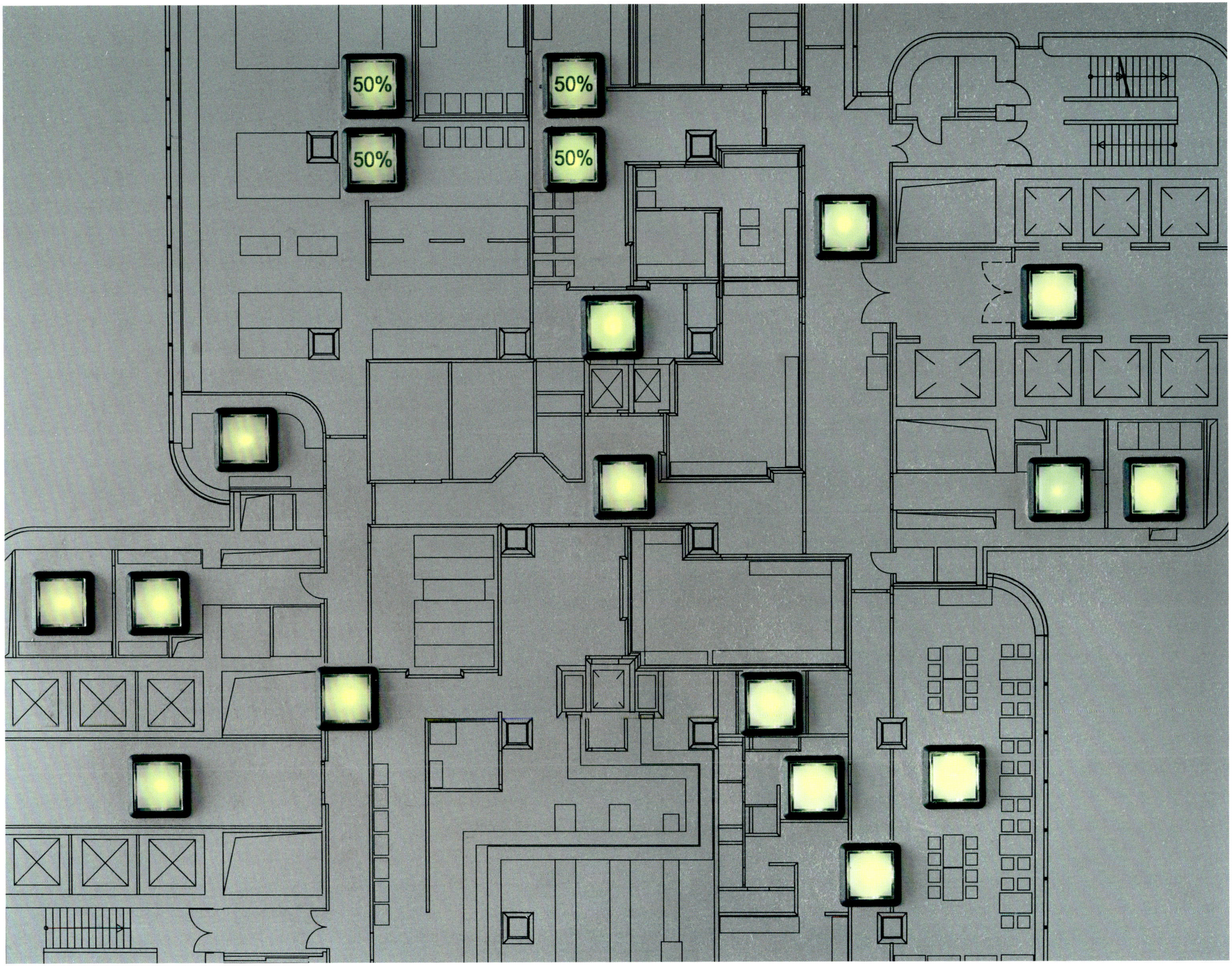
50%
50%
50%
50%

11 Silver Tower #13 2010

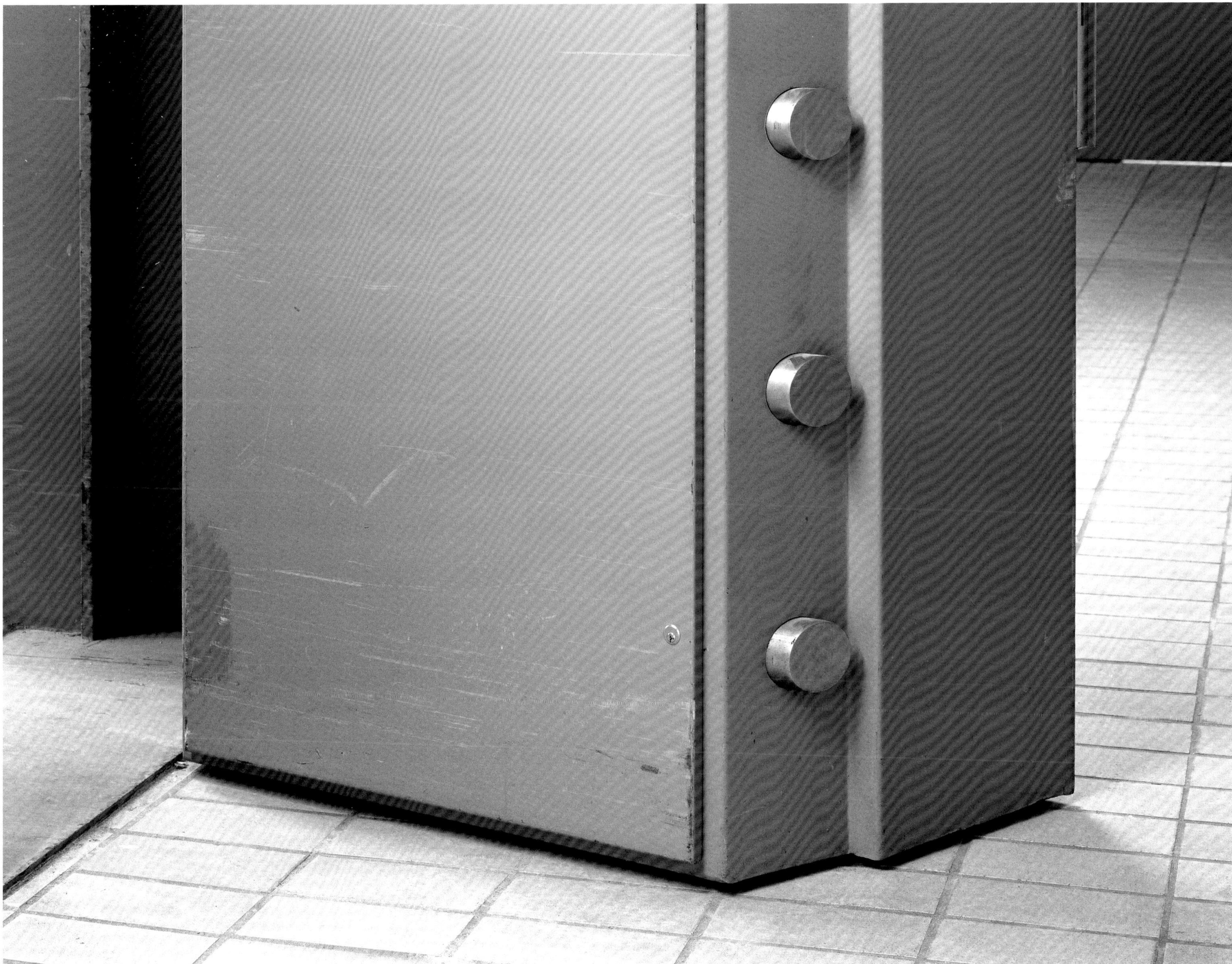

12 Silver Tower #12 2010

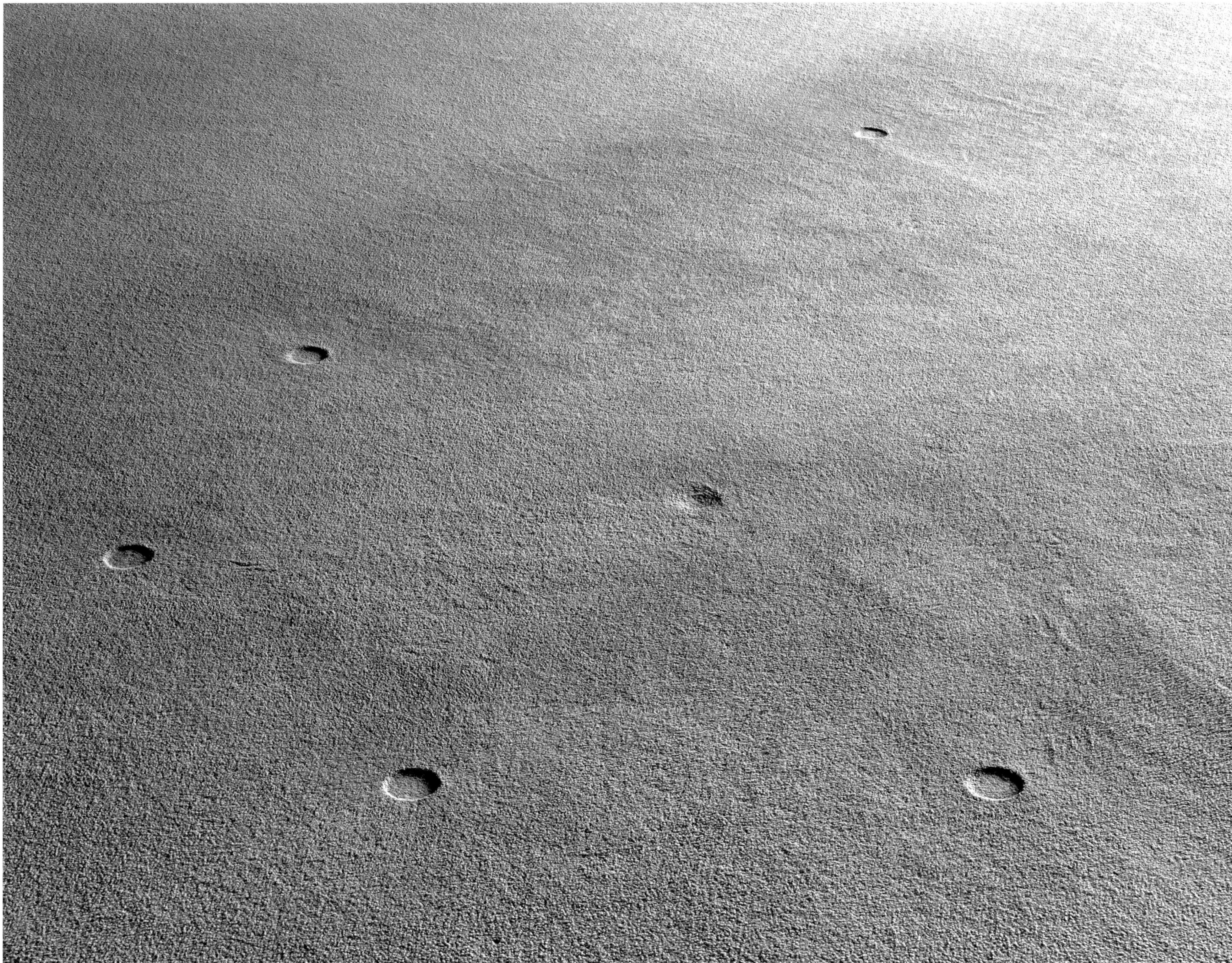

13 Silver Tower #20 2010

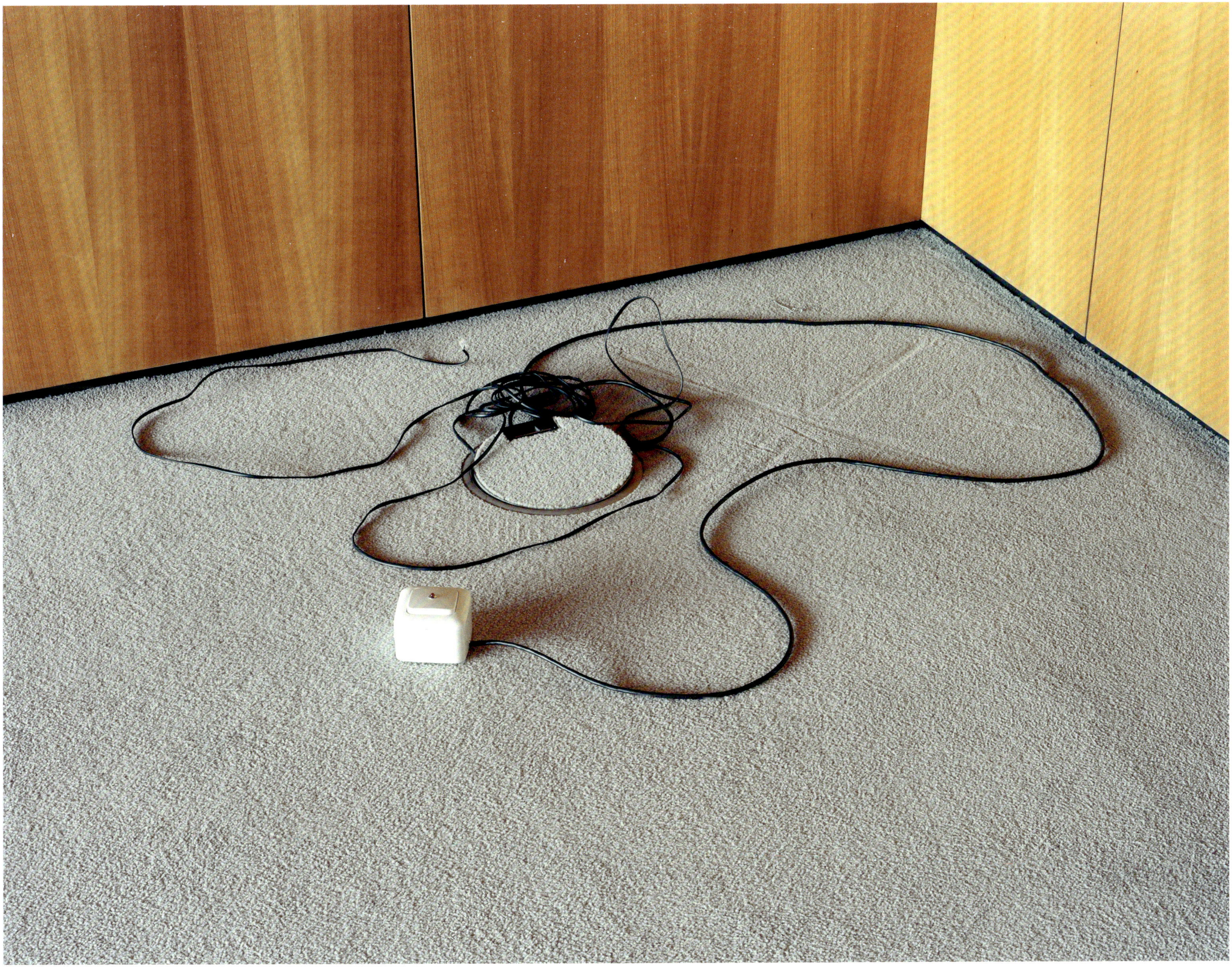

14 Silver Tower #43 2010

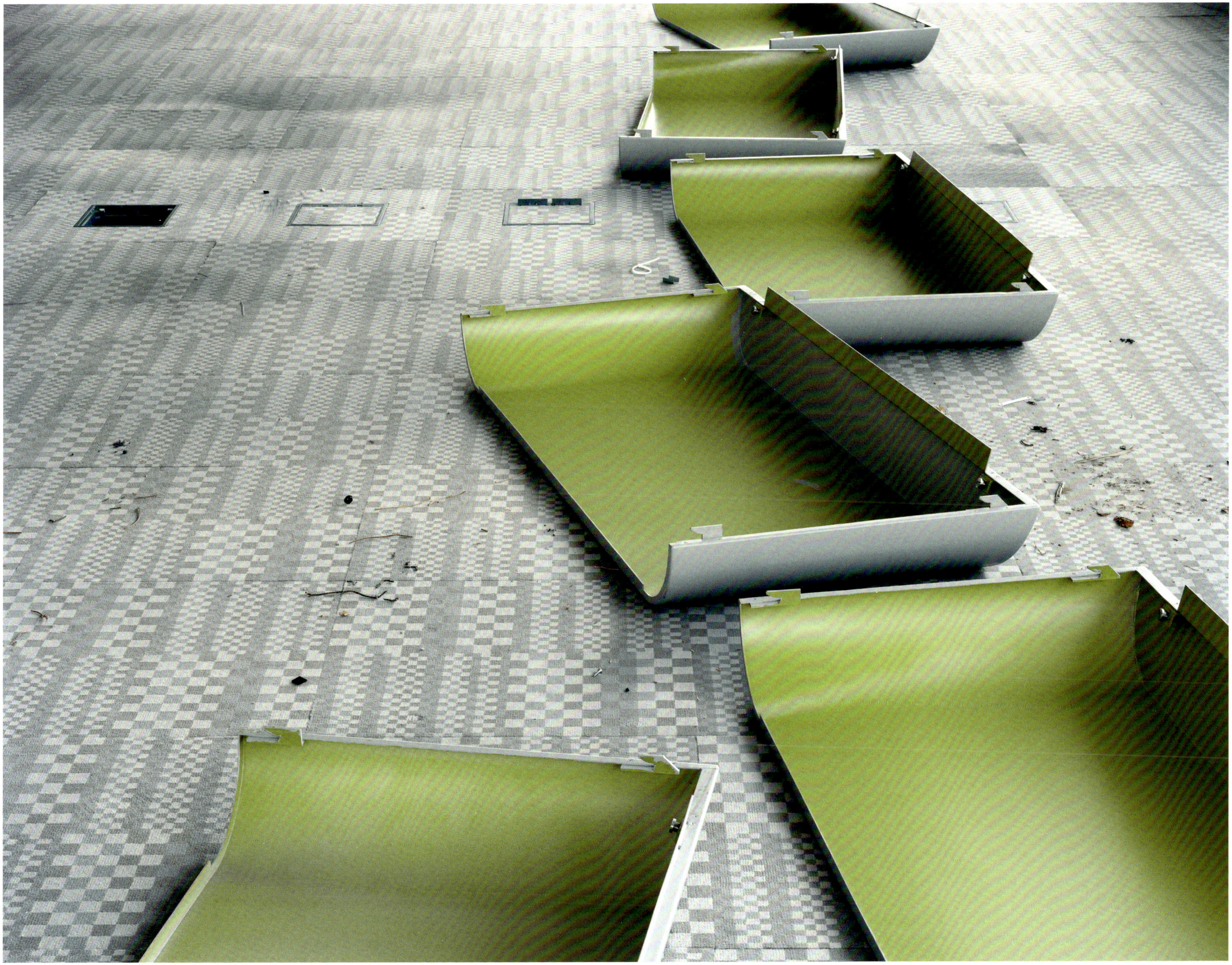

15 Silver Tower #37 2010

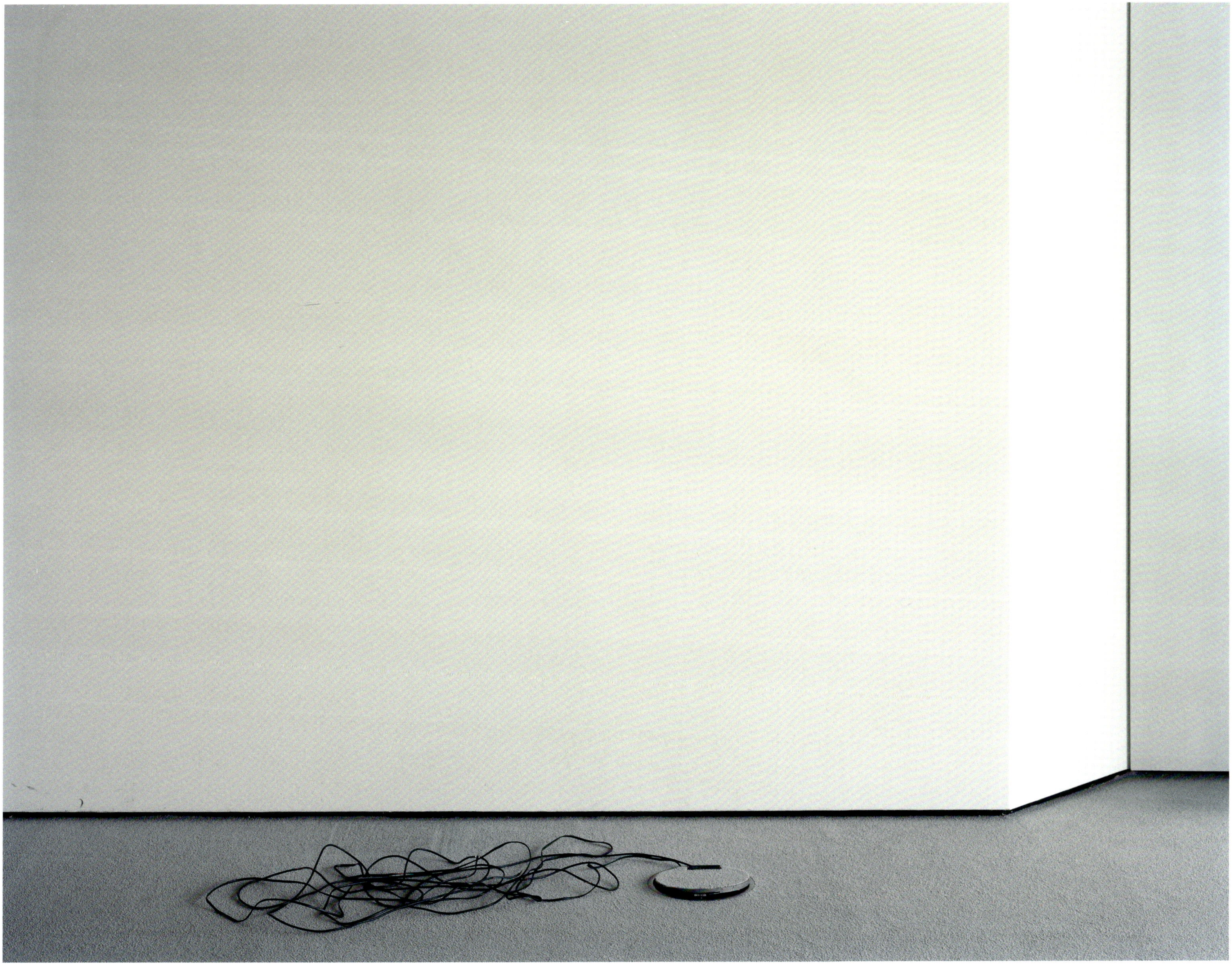

16 Silver Tower #9 2009

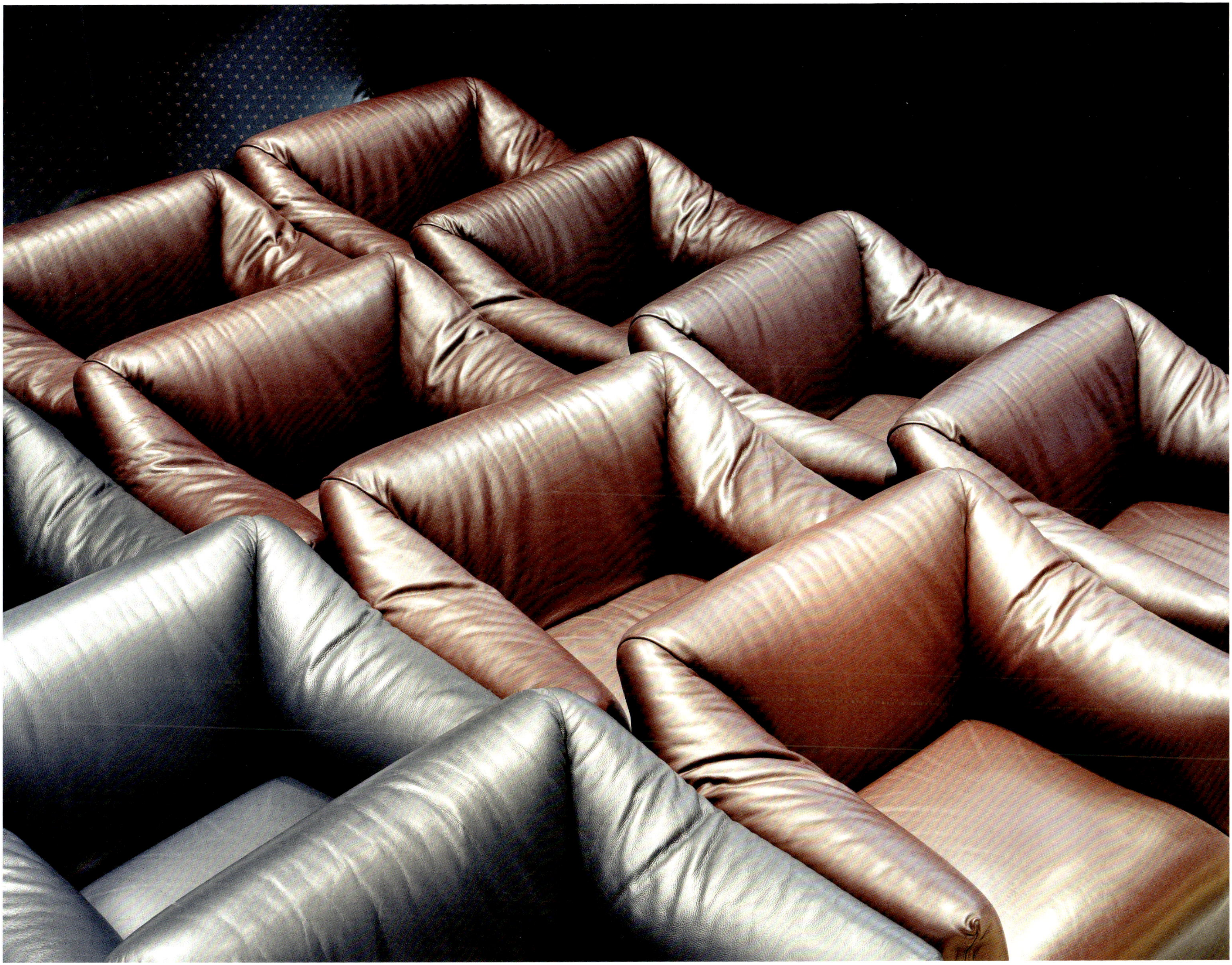

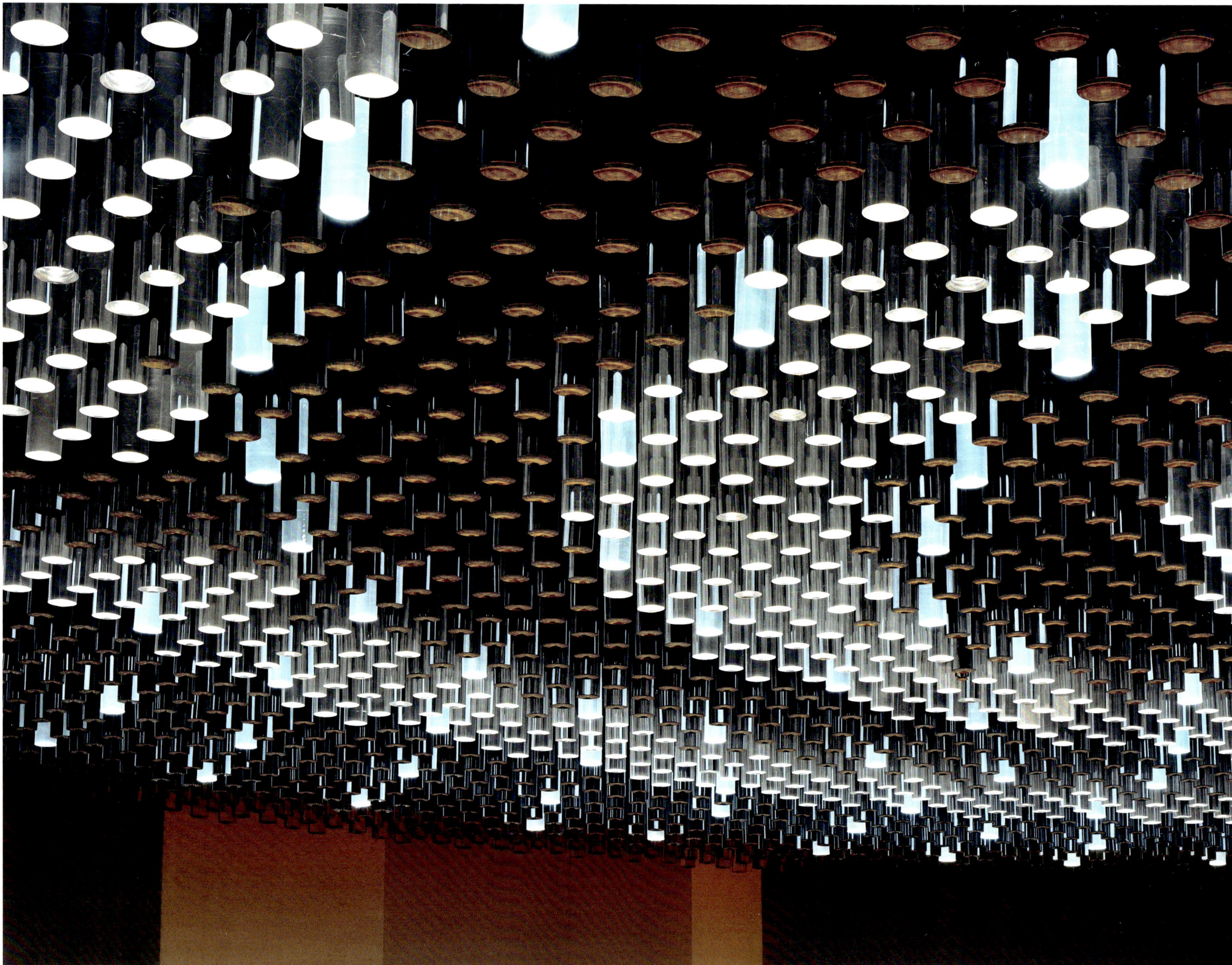

20 Silver Tower #14 2010

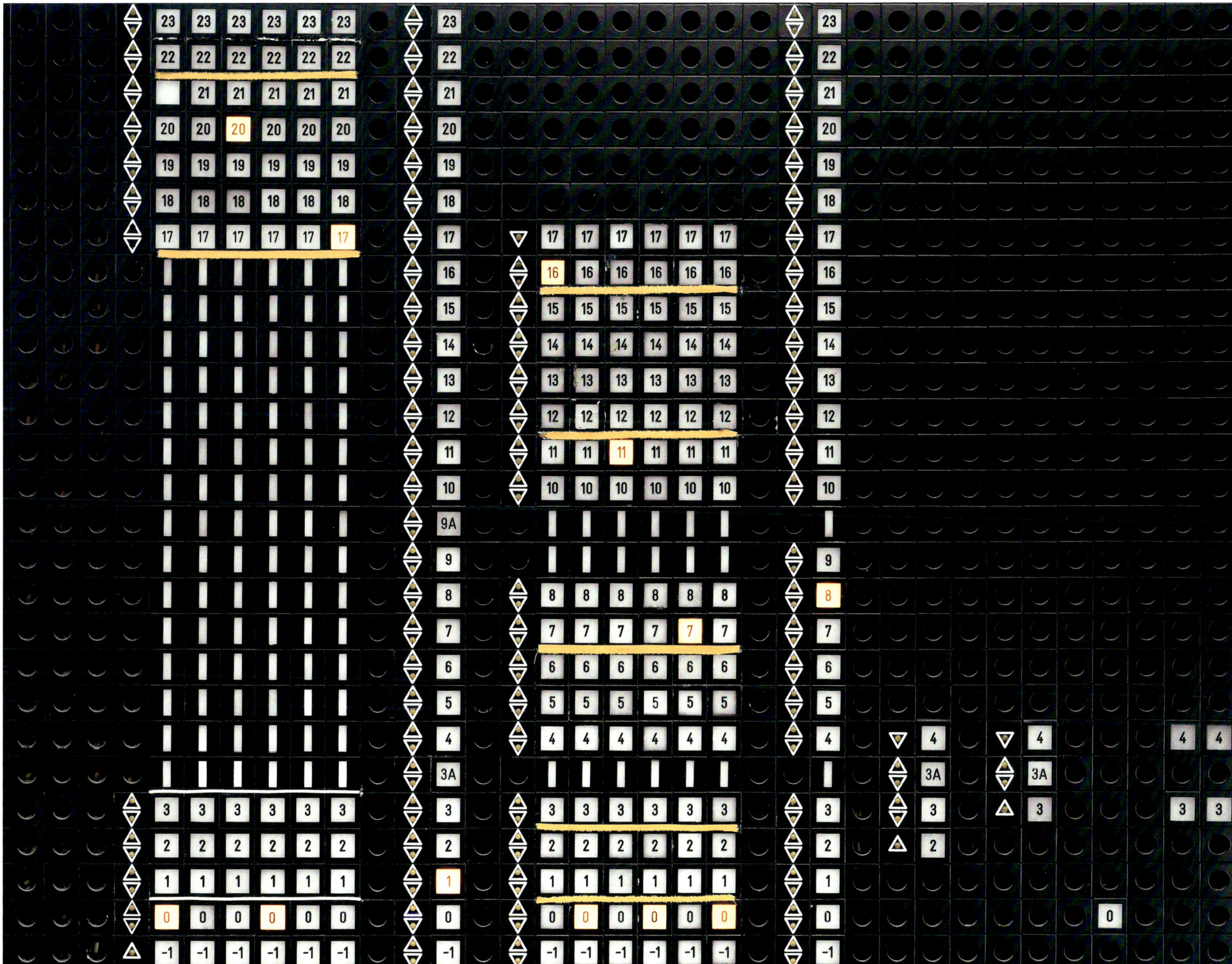

21 Silver Tower #38 2010

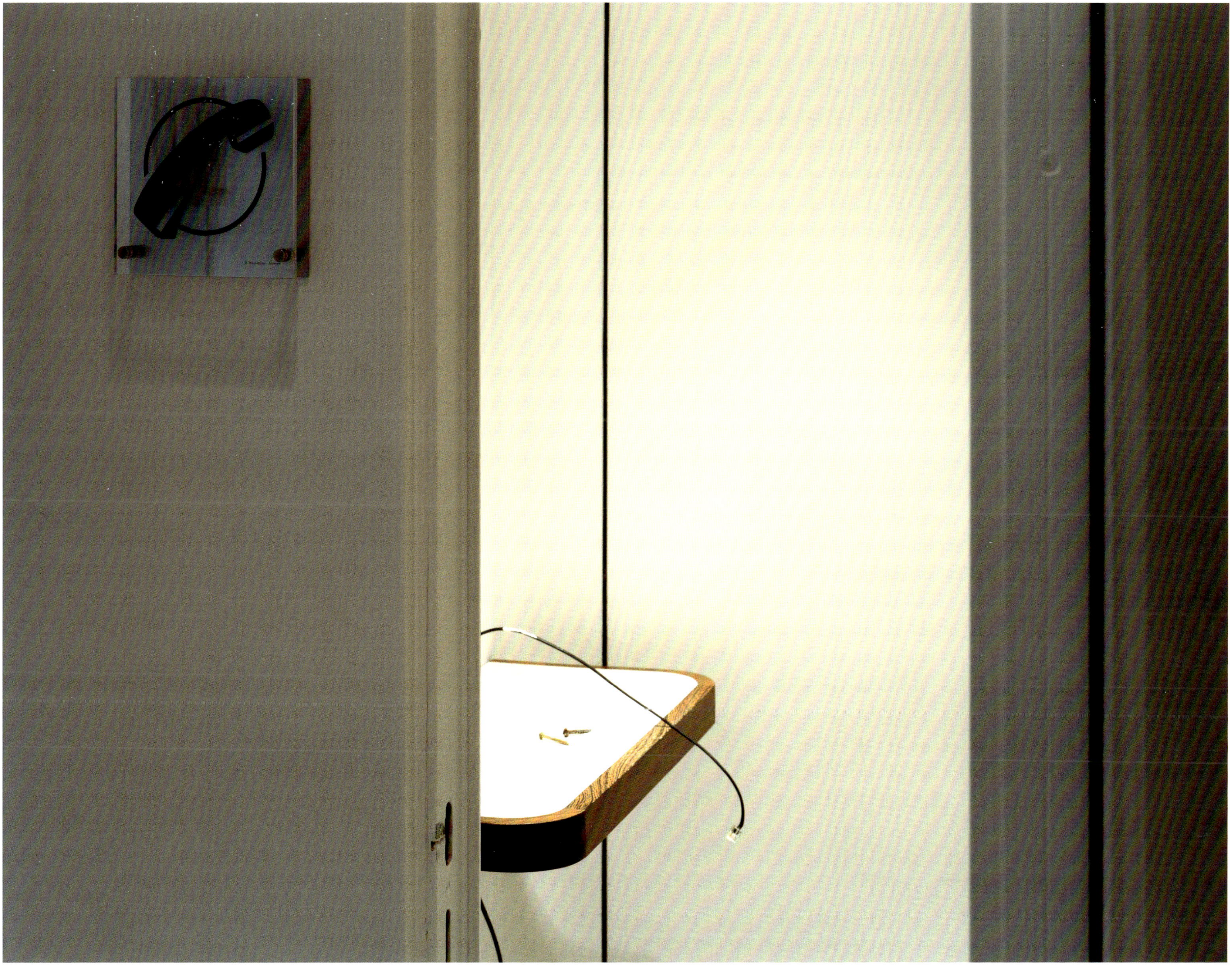

22 Silver Tower #19 2010

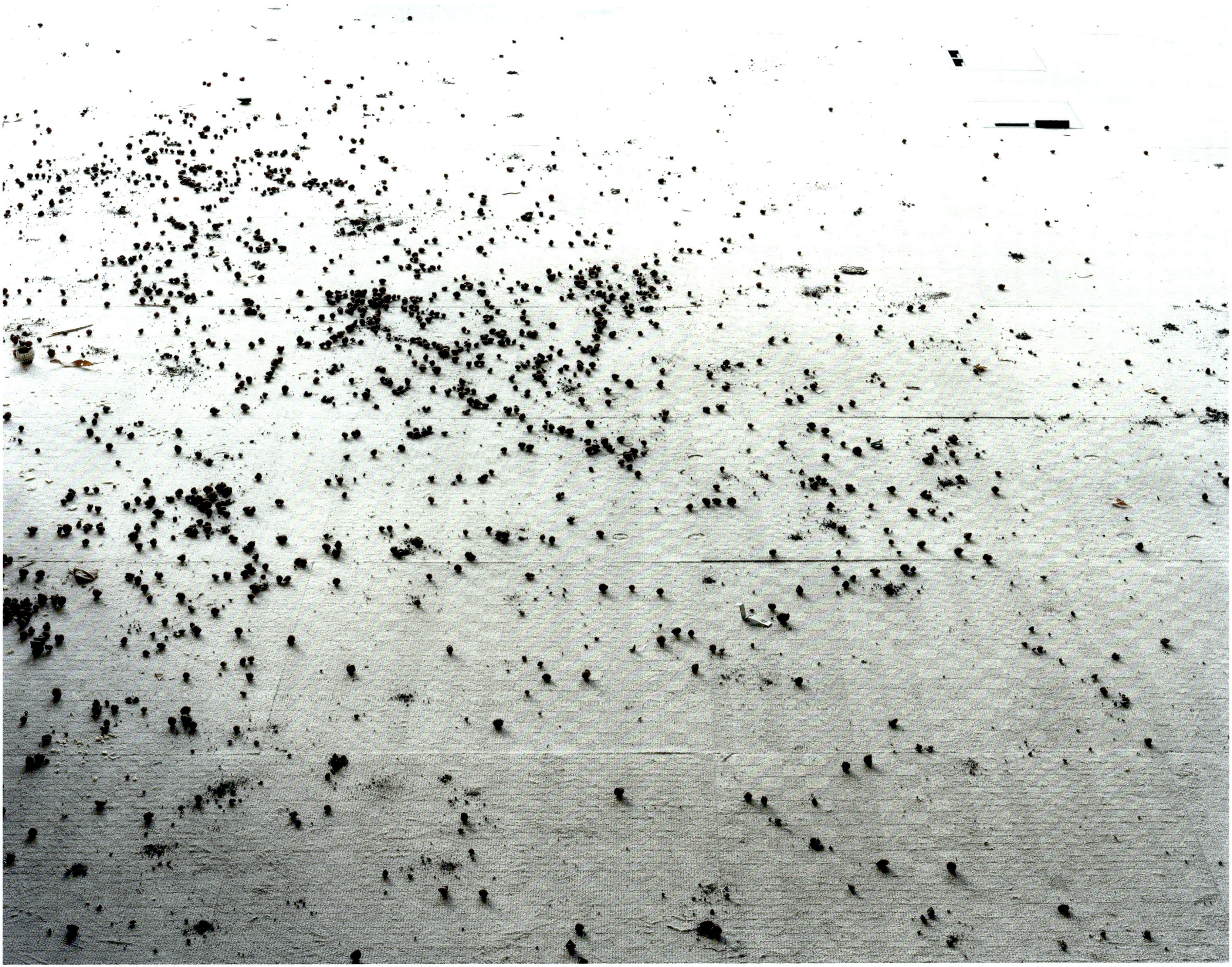

23 Silver Tower #52 2010

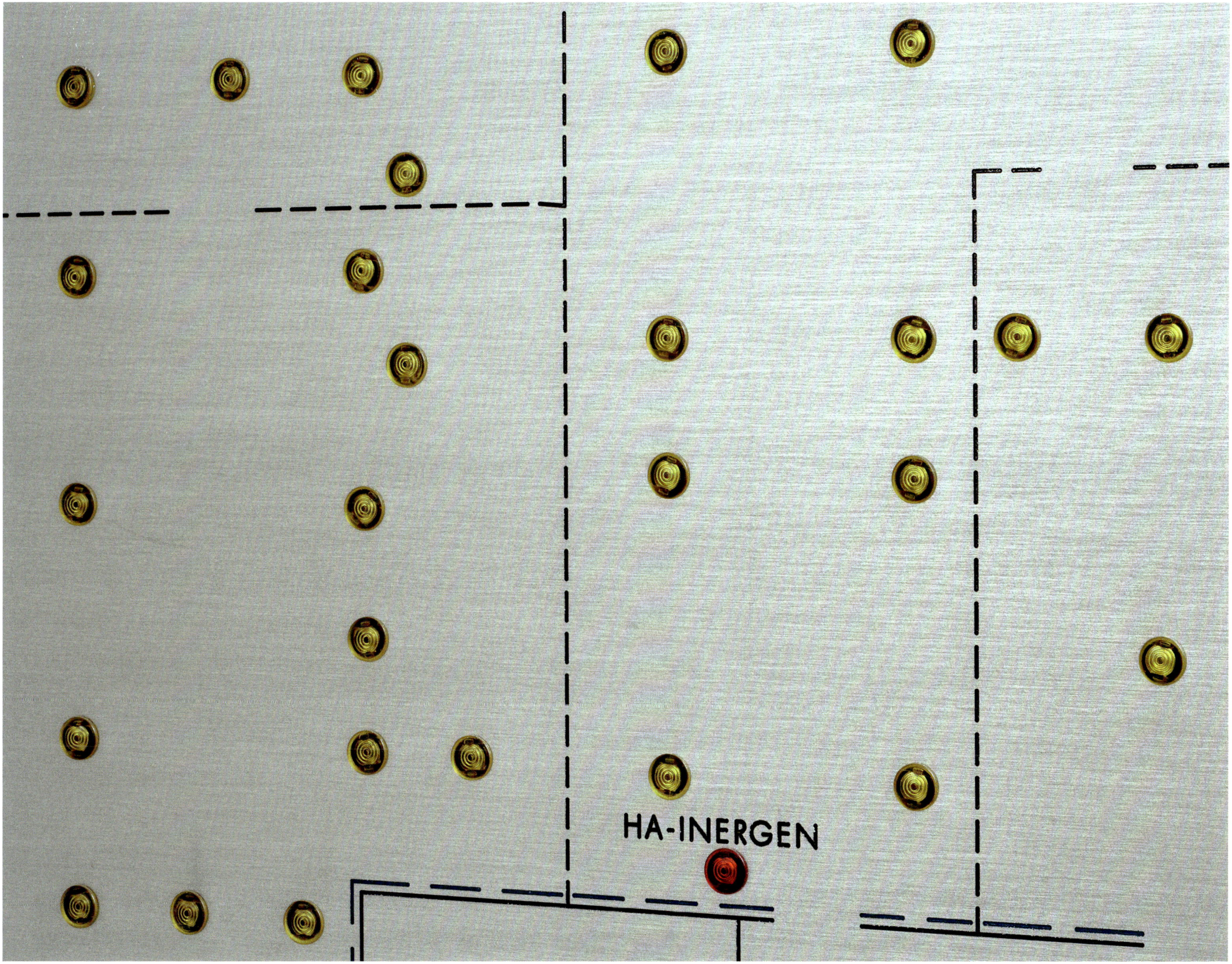
HA-INERGEN

24 Silver Tower #17 2010

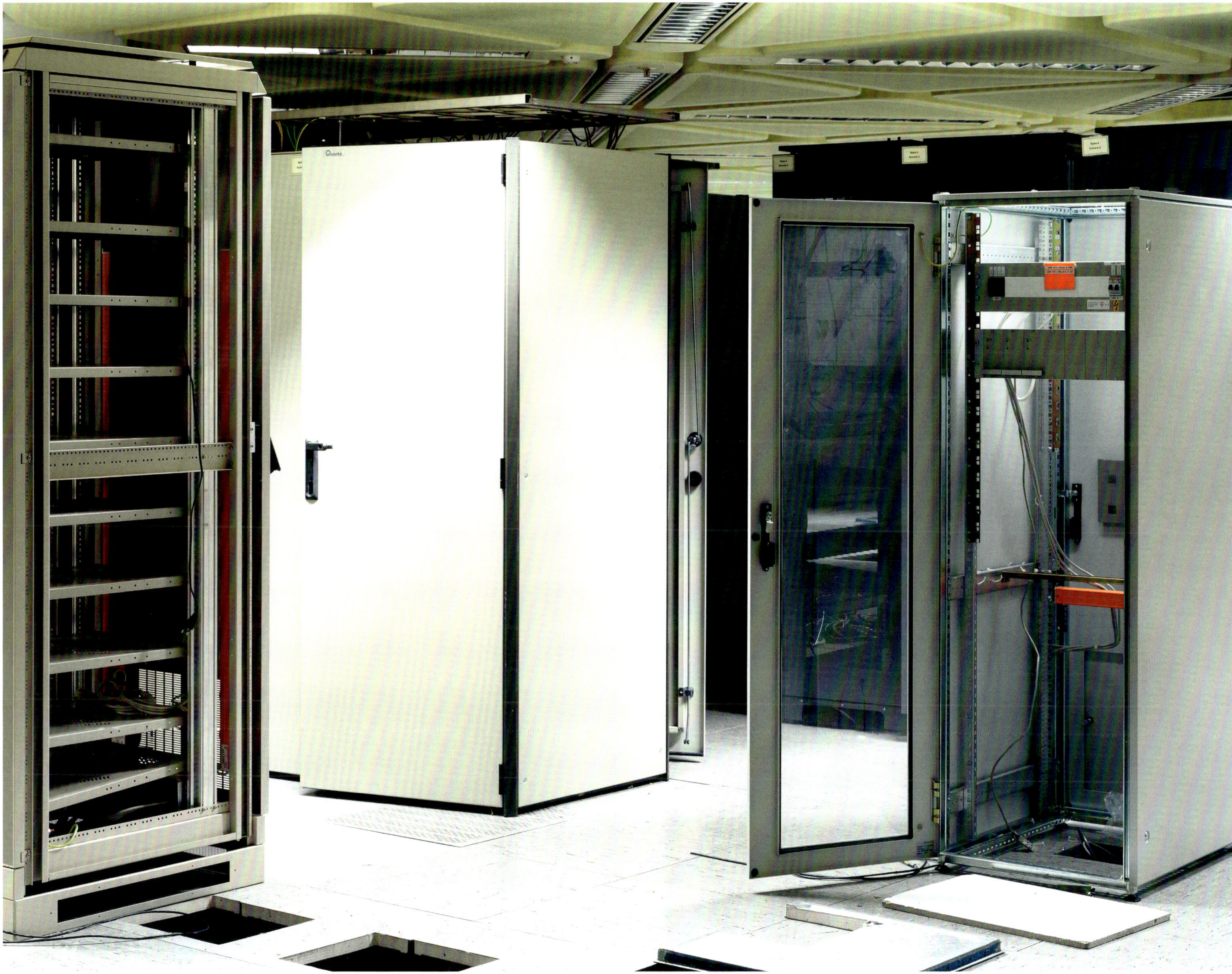

25 Silver Tower #16 2010

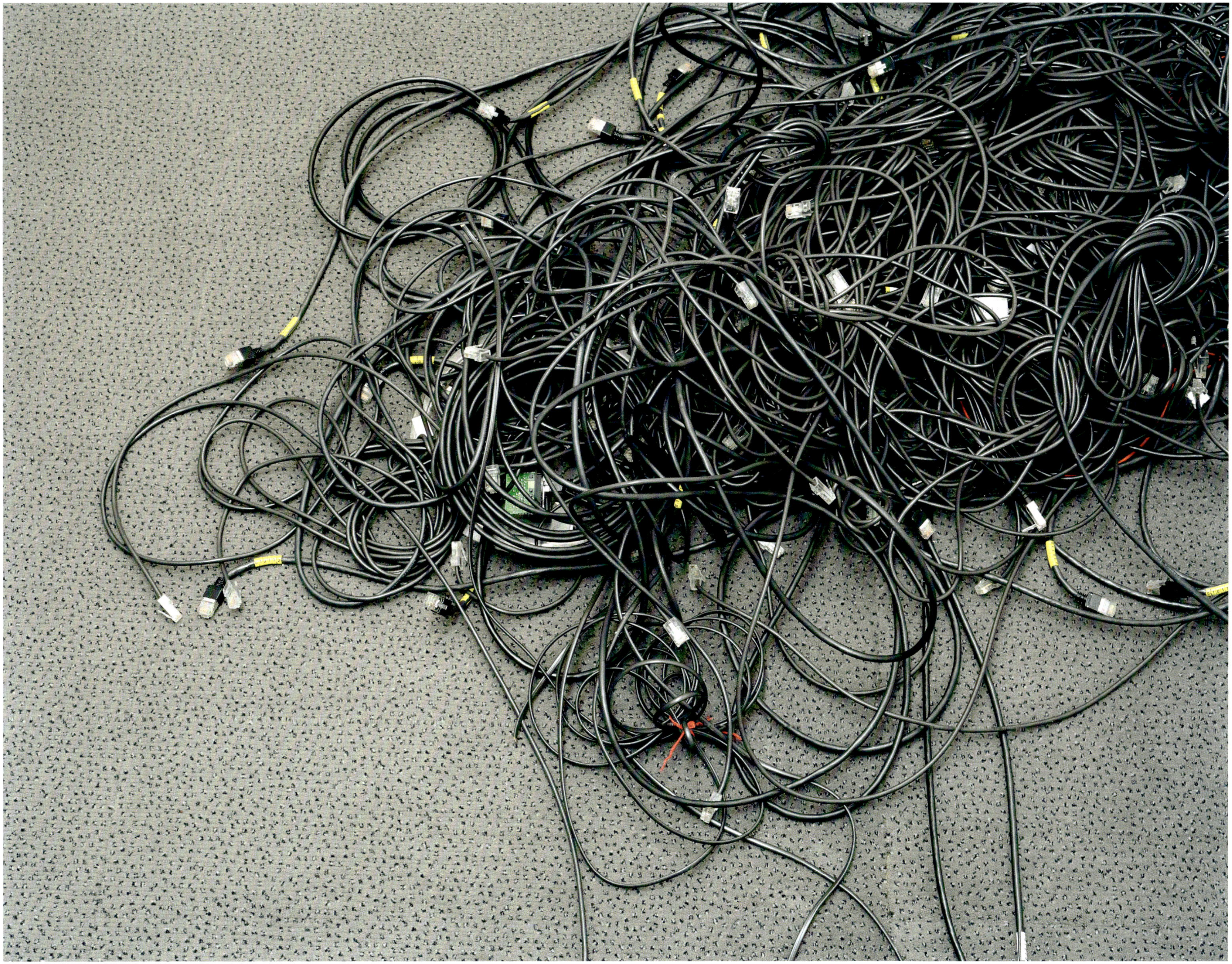

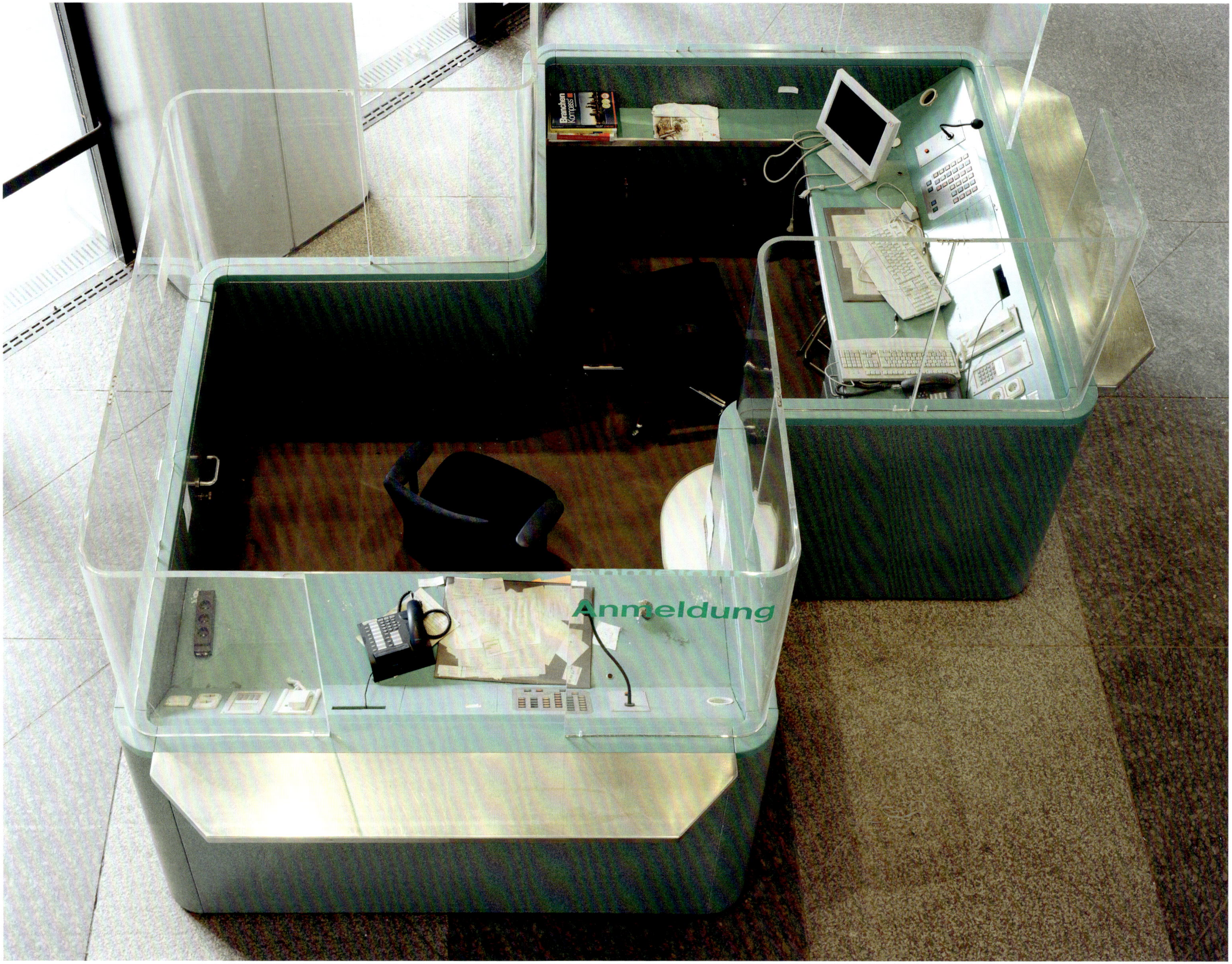
Anmeldung

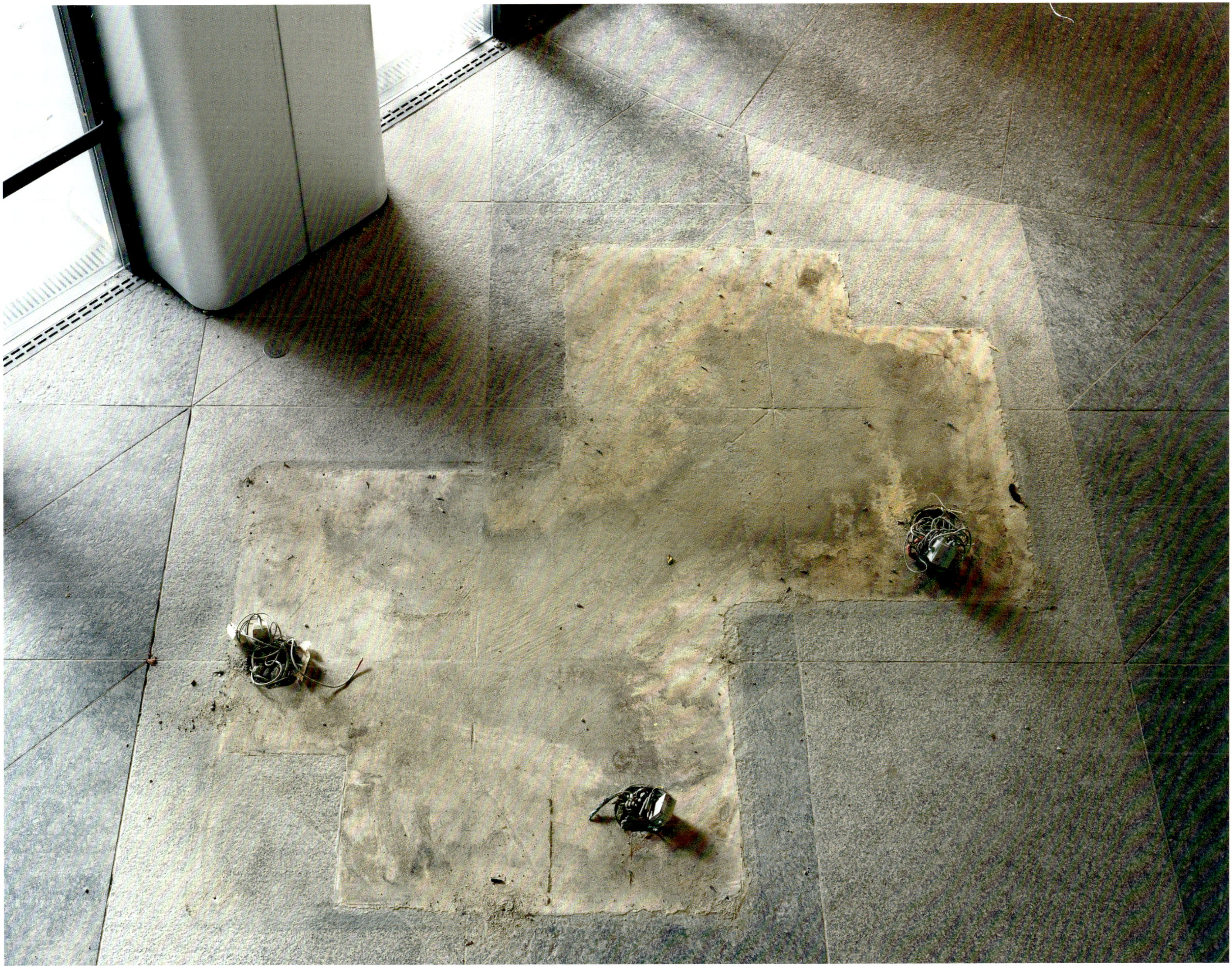

26	Silver Tower #22	2010
27	Silver Tower #23	2010
28	Silver Tower #25	2010

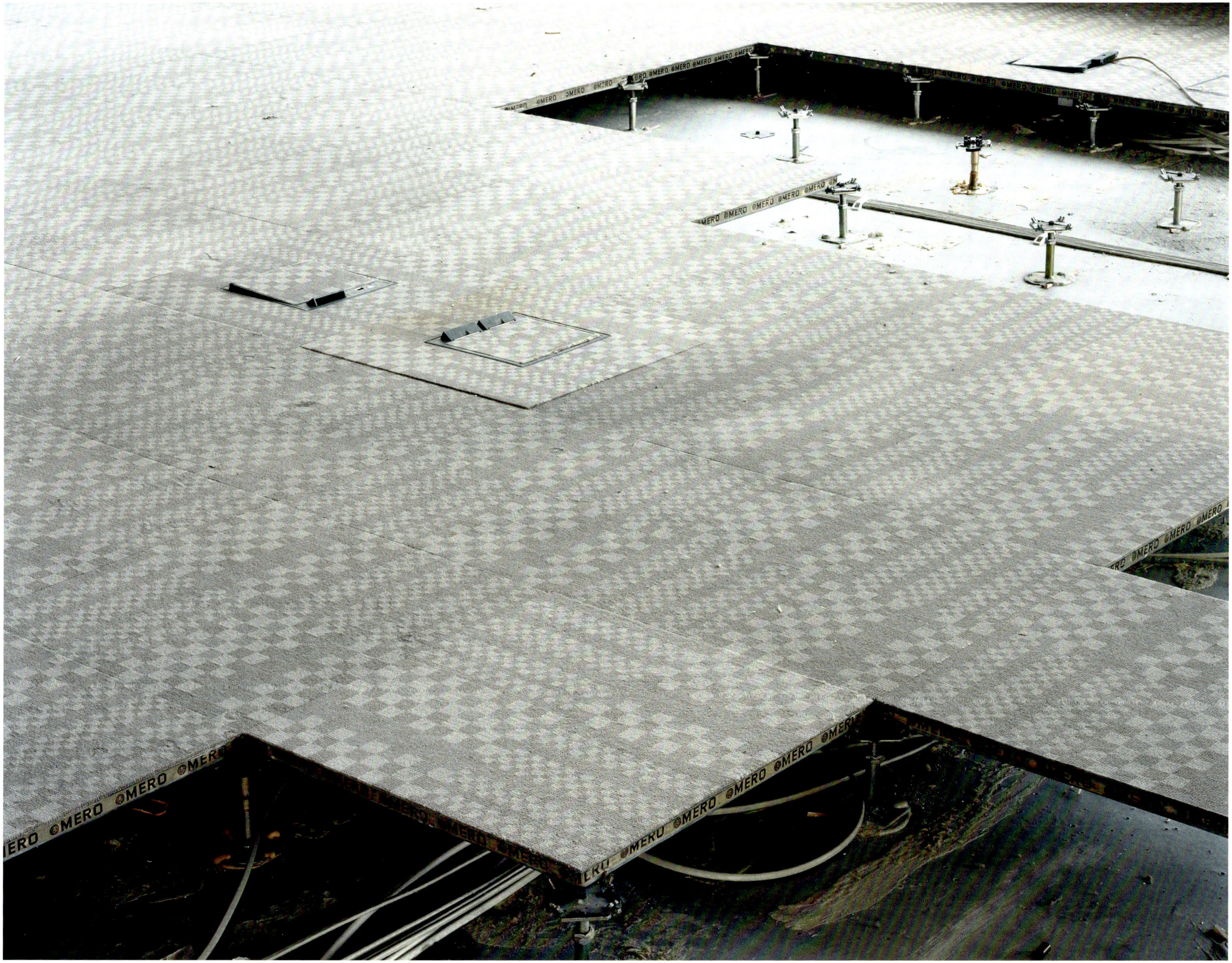
MERO

29 Silver Tower #40 2010

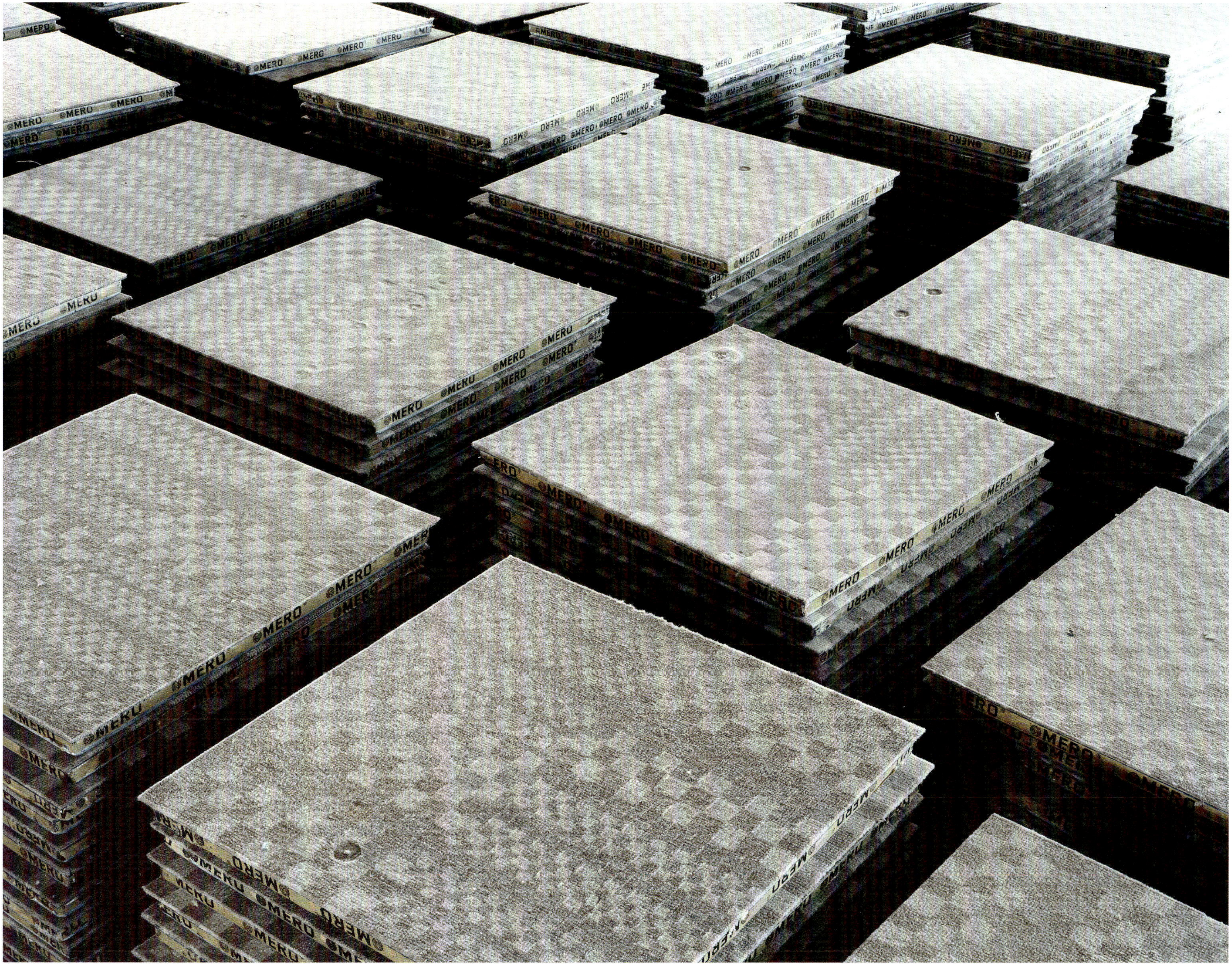
MERO

30 Silver Tower #48 2010

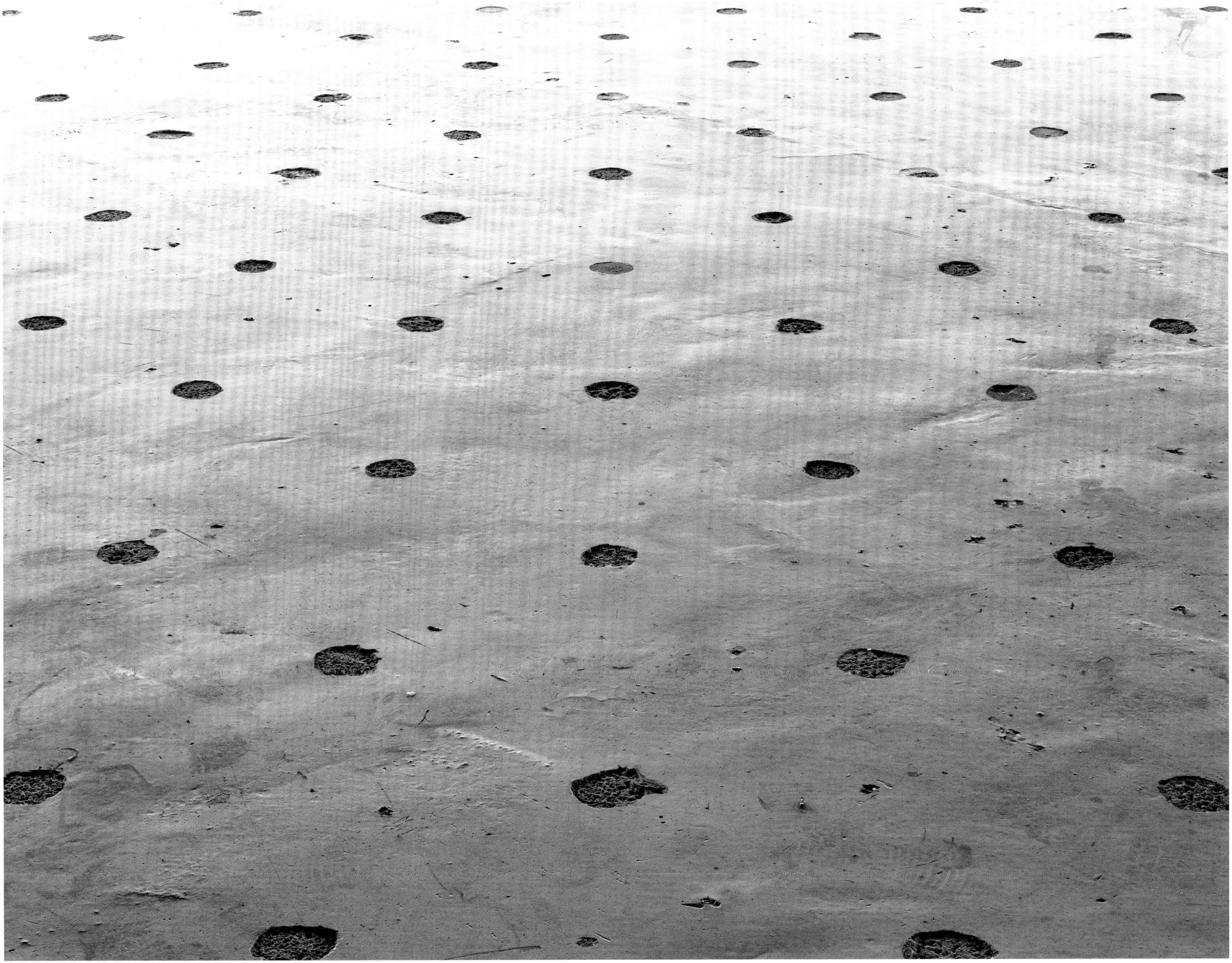

31 Silver Tower #57 2010

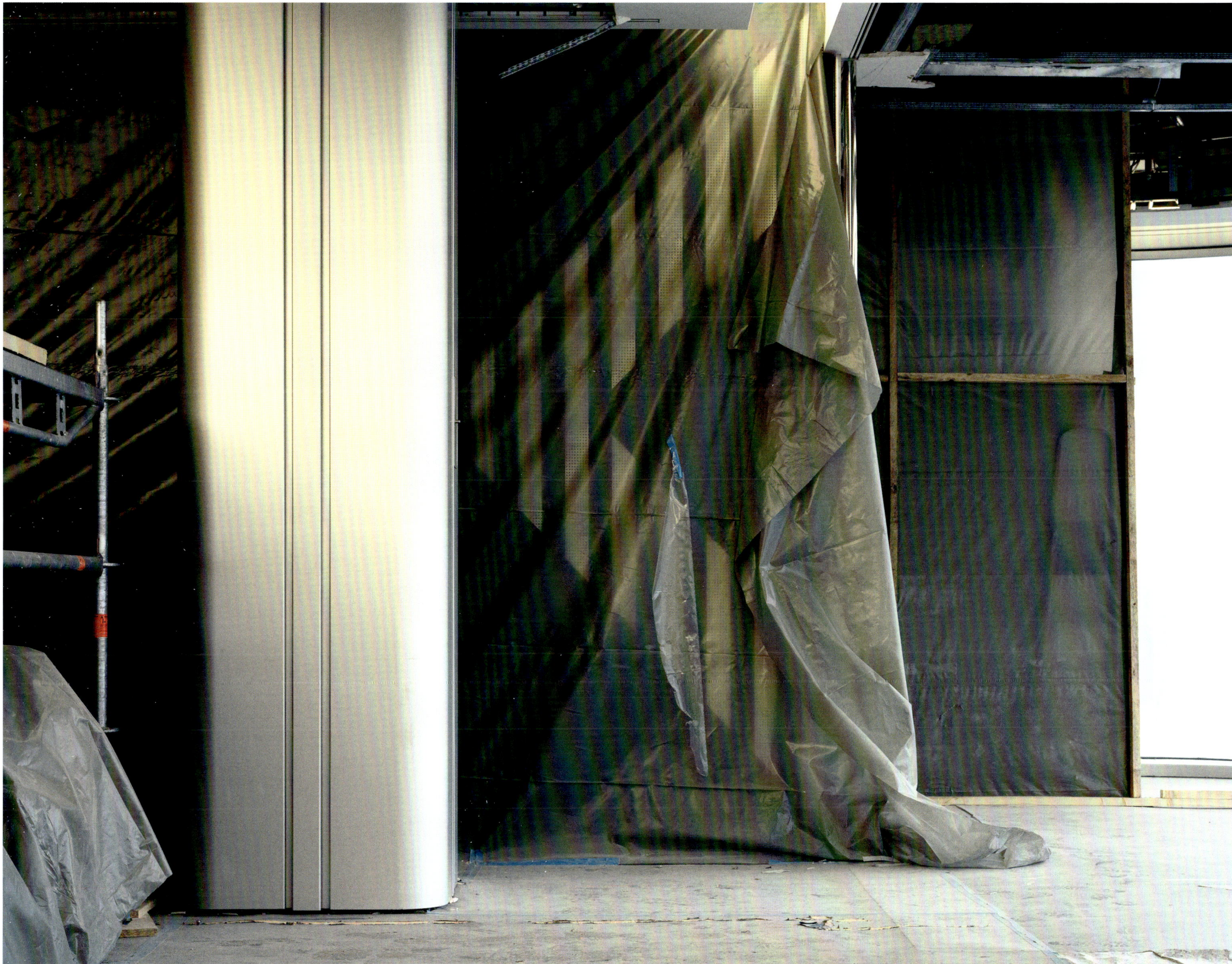

32 Silver Tower #35 2010

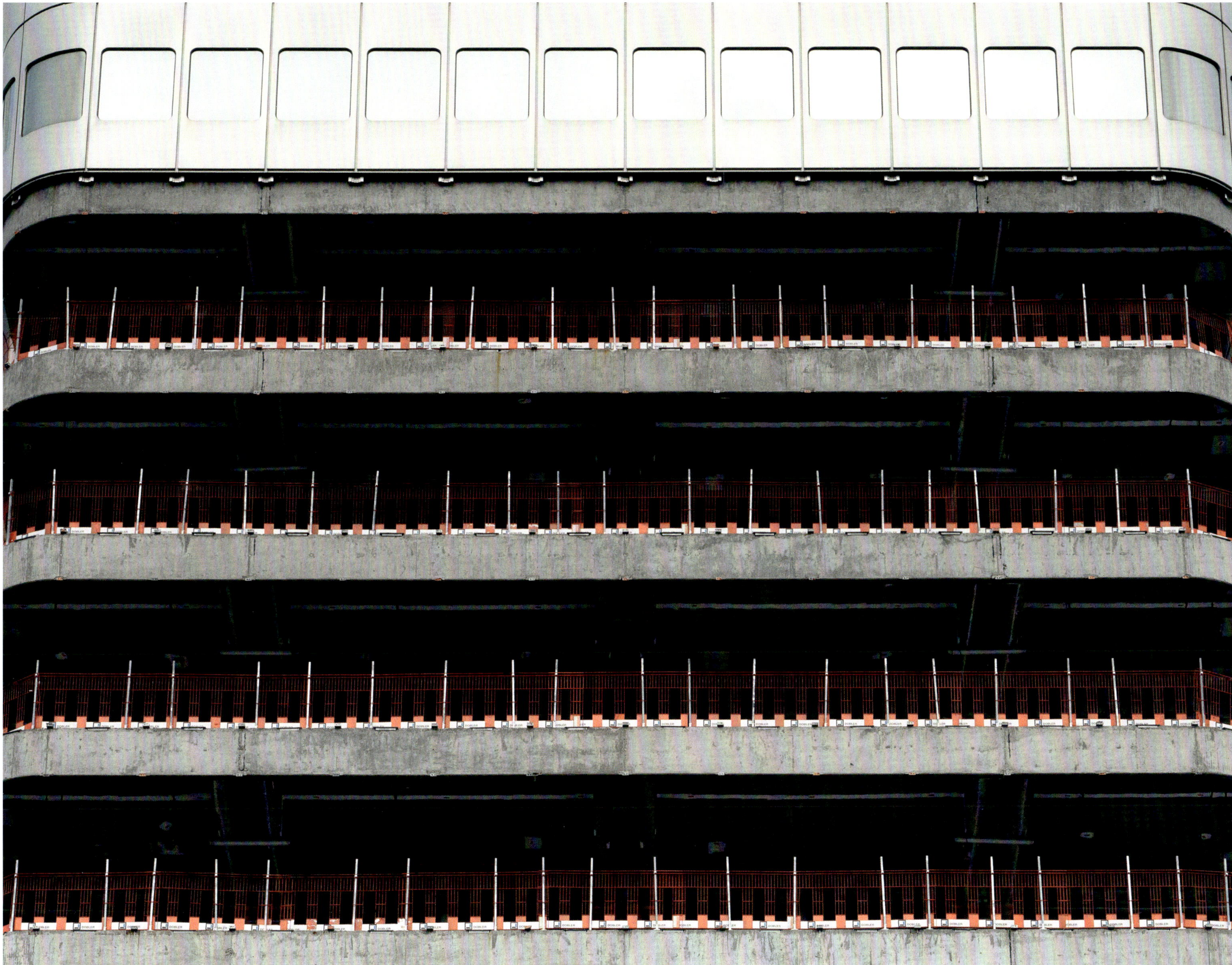

33 Silver Tower #36 2010

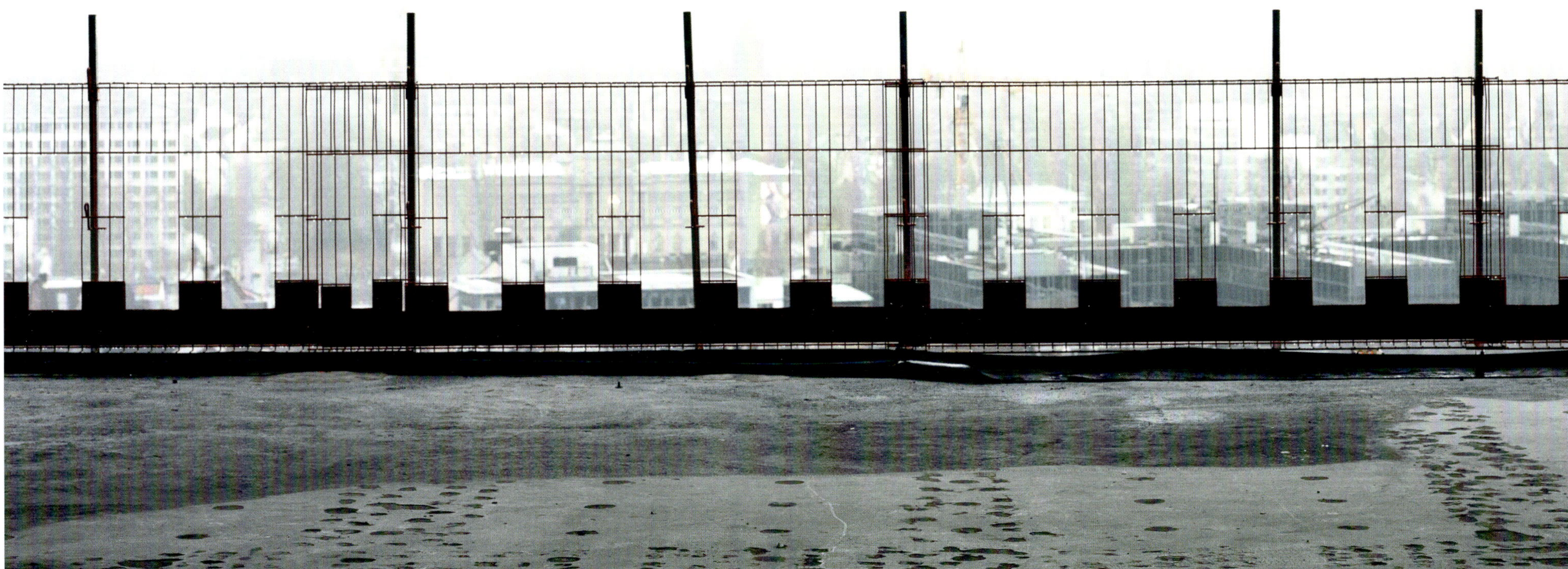

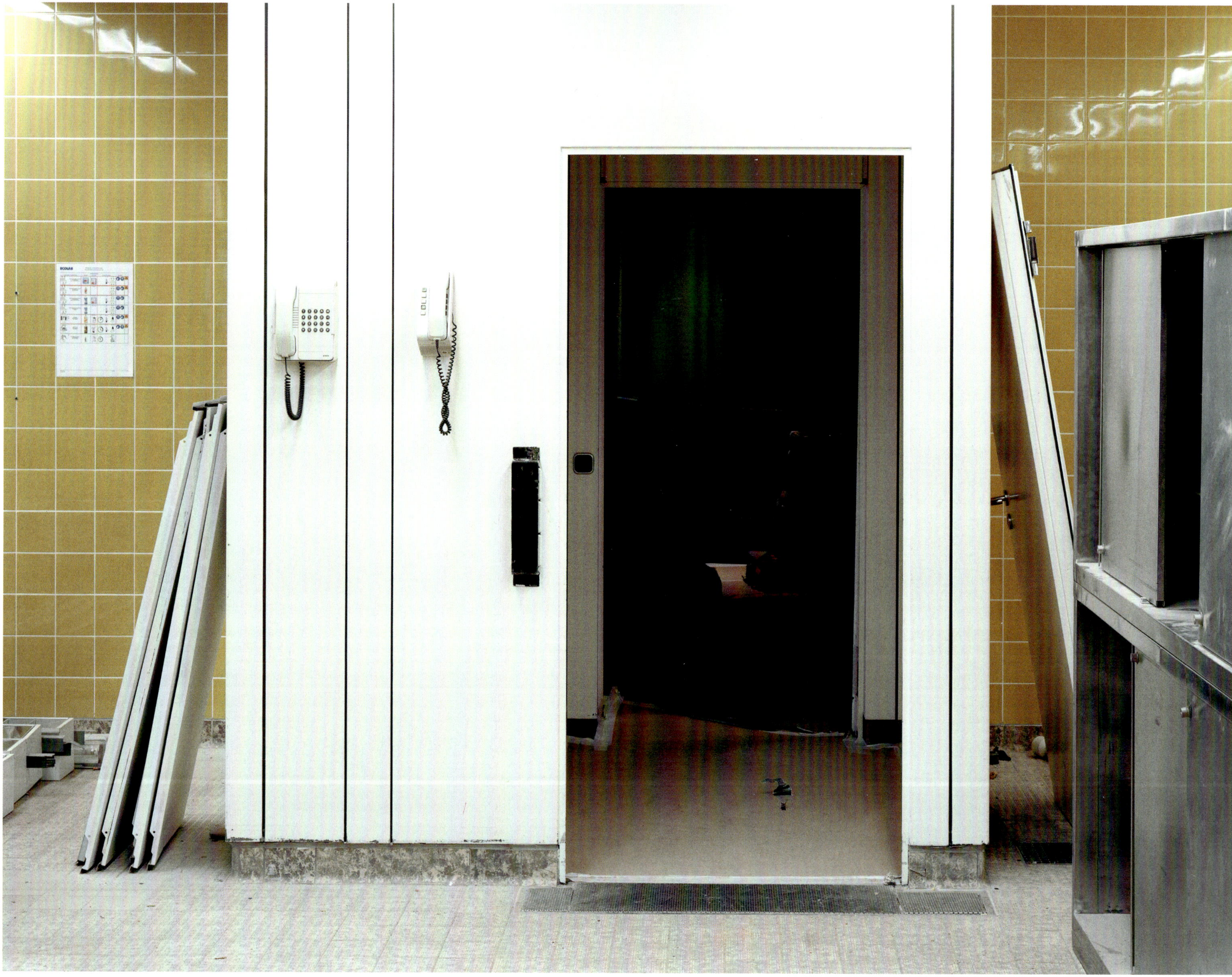

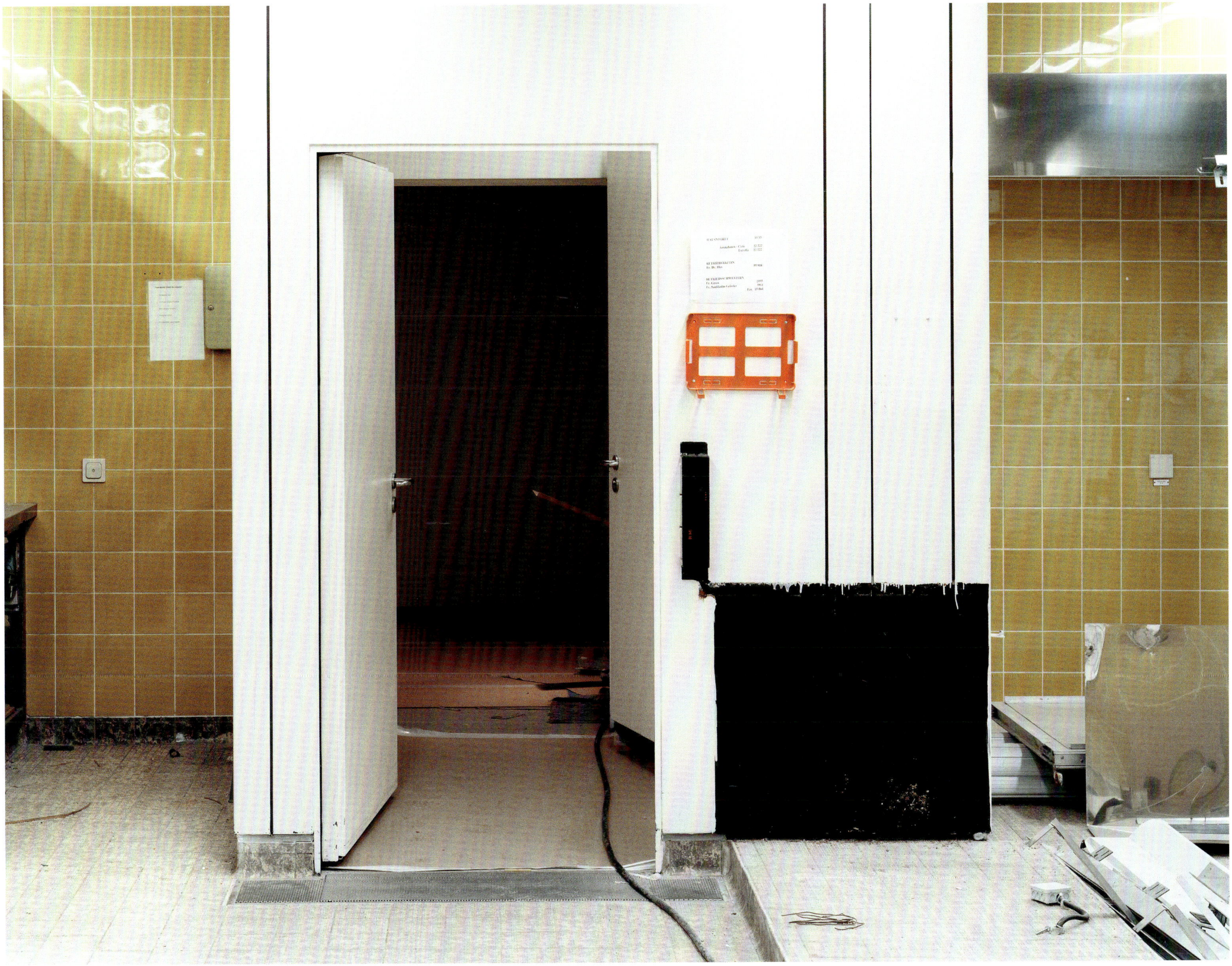

34	Silver Tower #53	2010
35	Silver Tower #54	2010
36	Silver Tower #71	2011

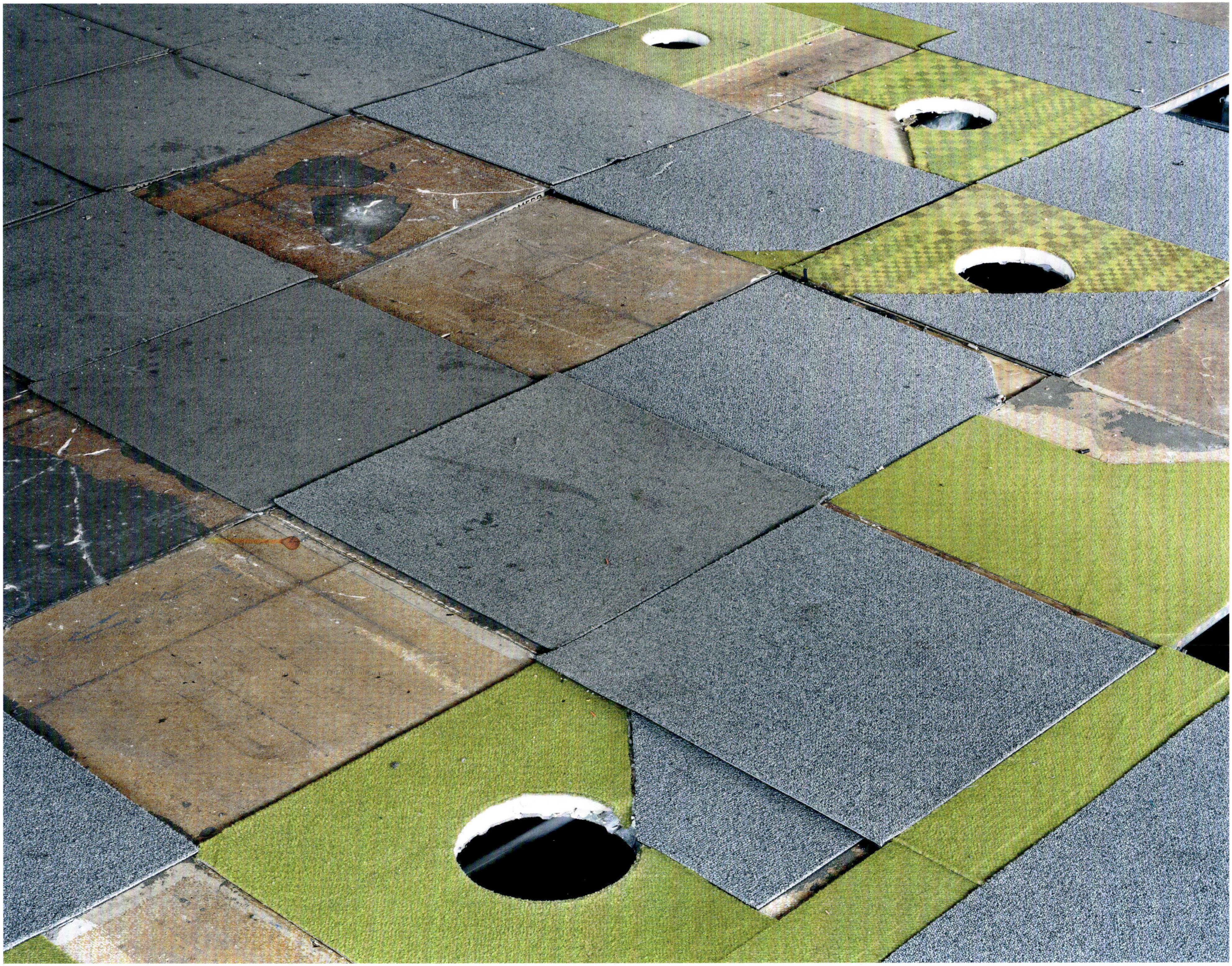

37 Silver Tower #41 2010

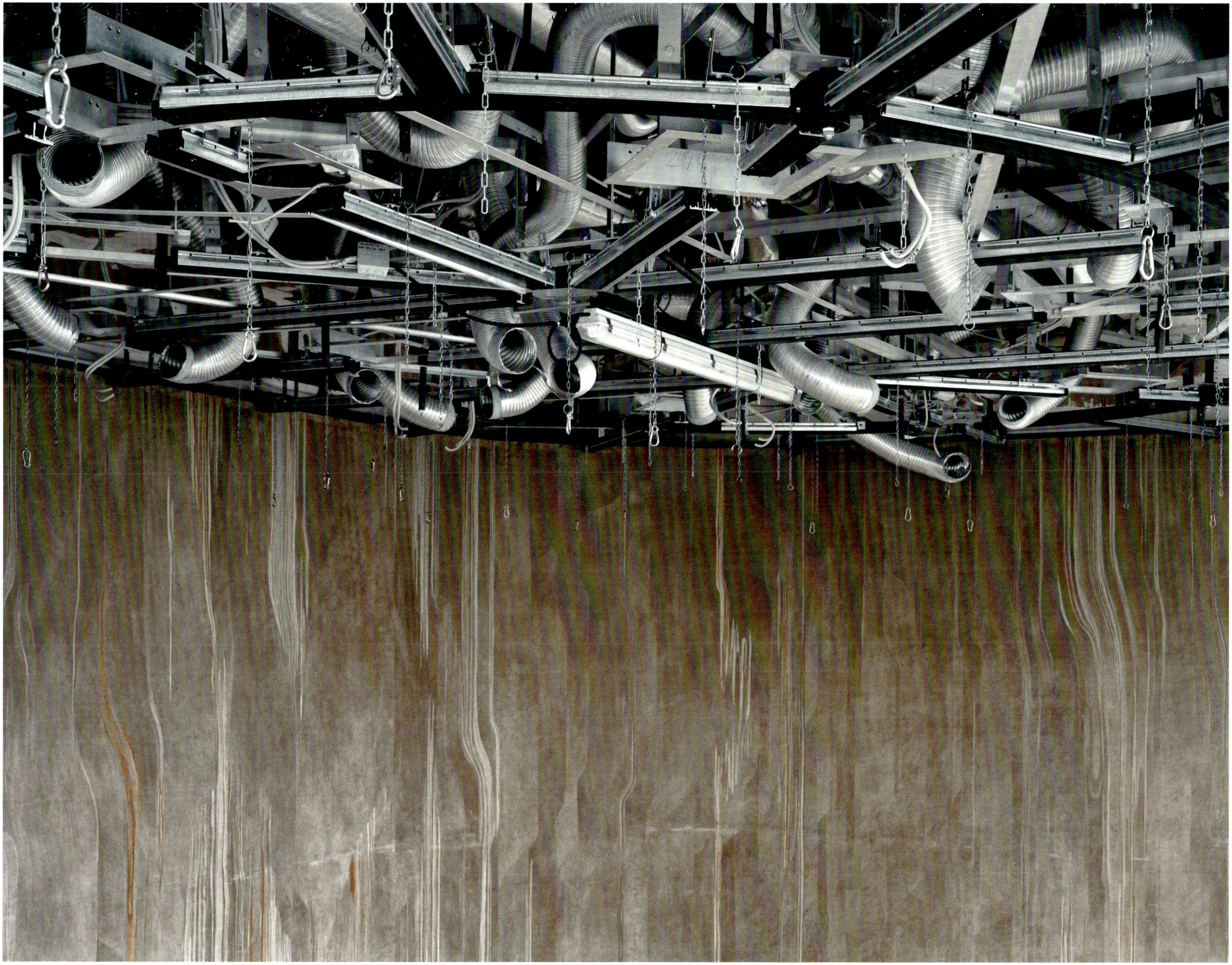

38 Silver Tower #15 2010

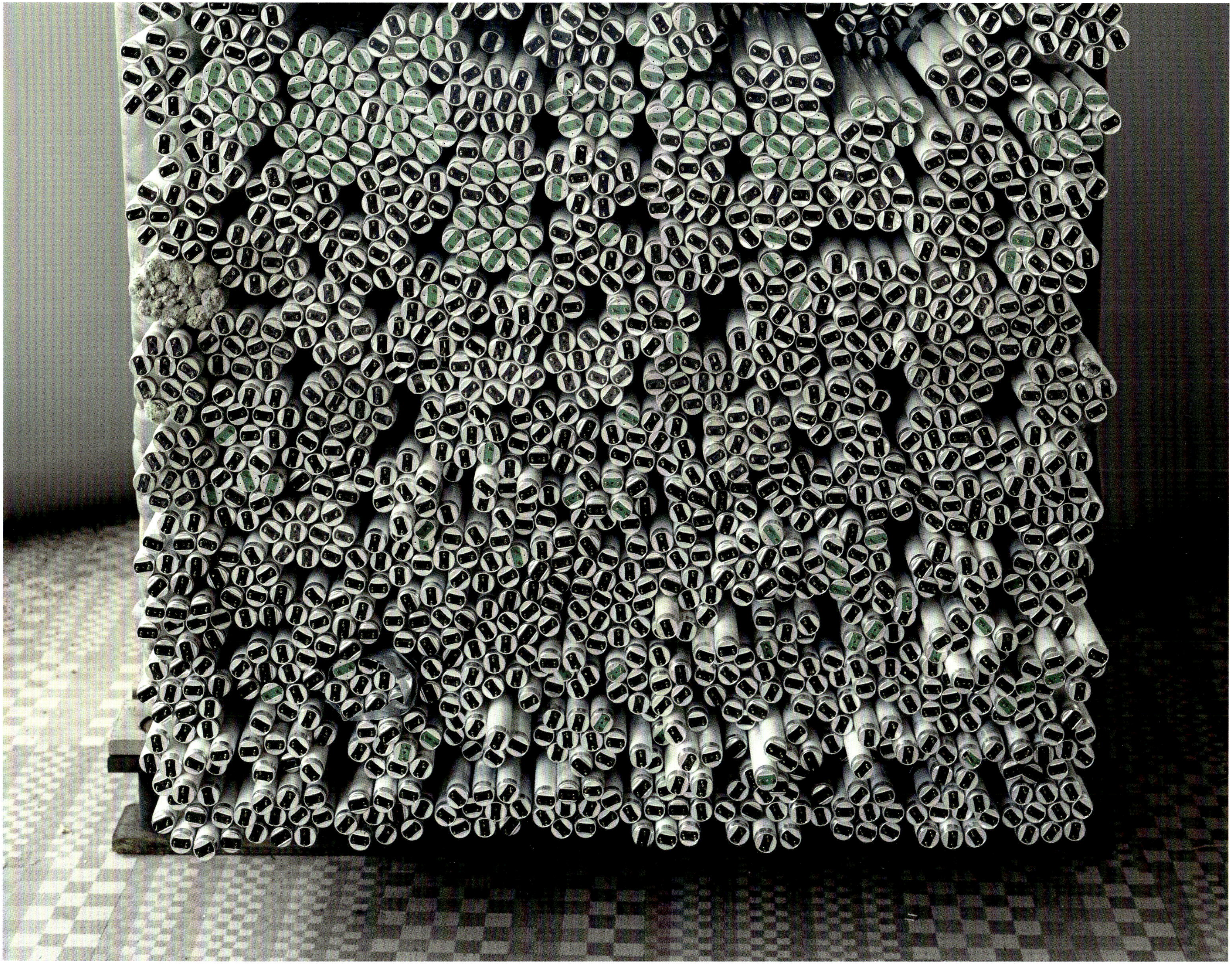

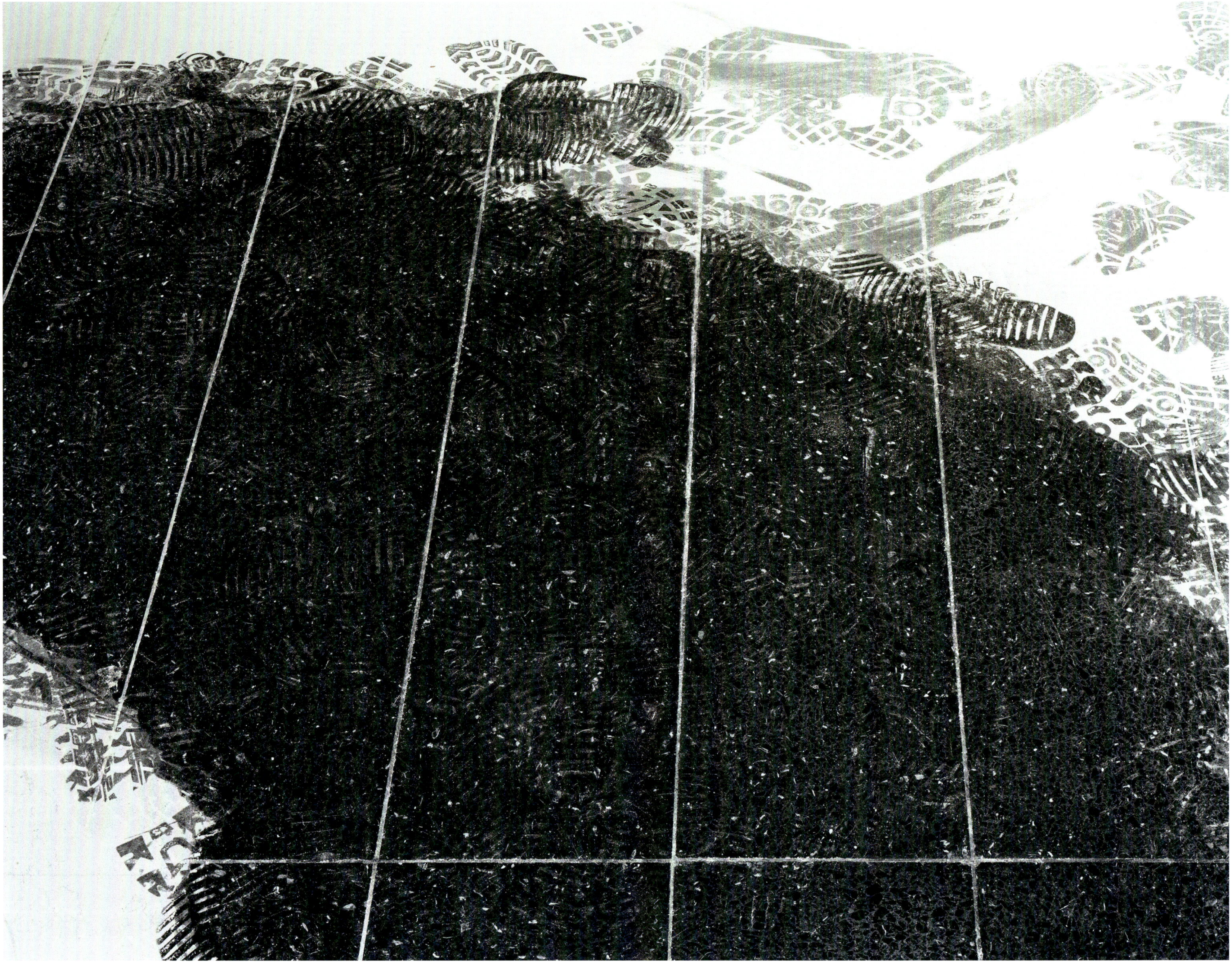

42 Silver Tower #47 2010

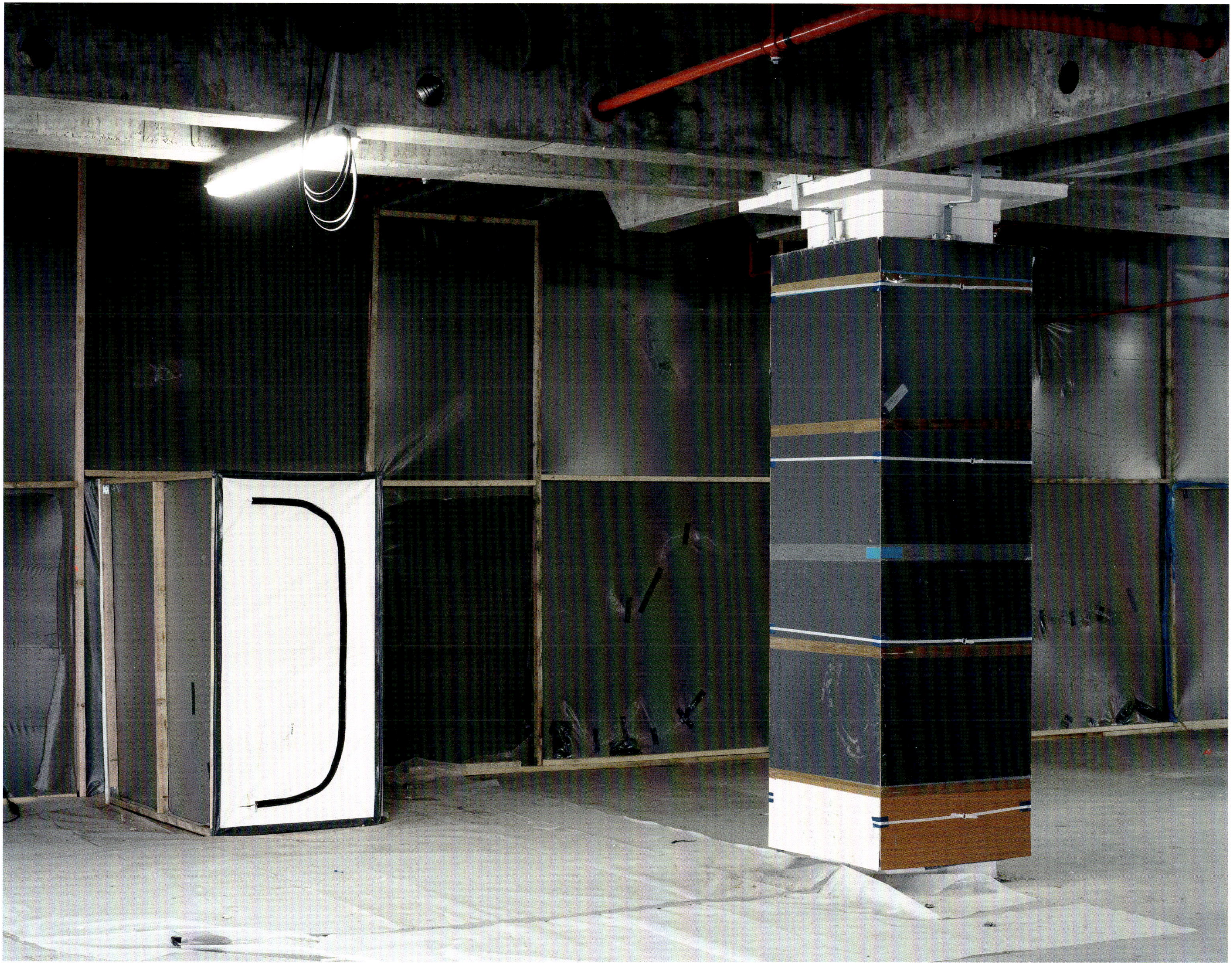

43 Silver Tower #39 2010

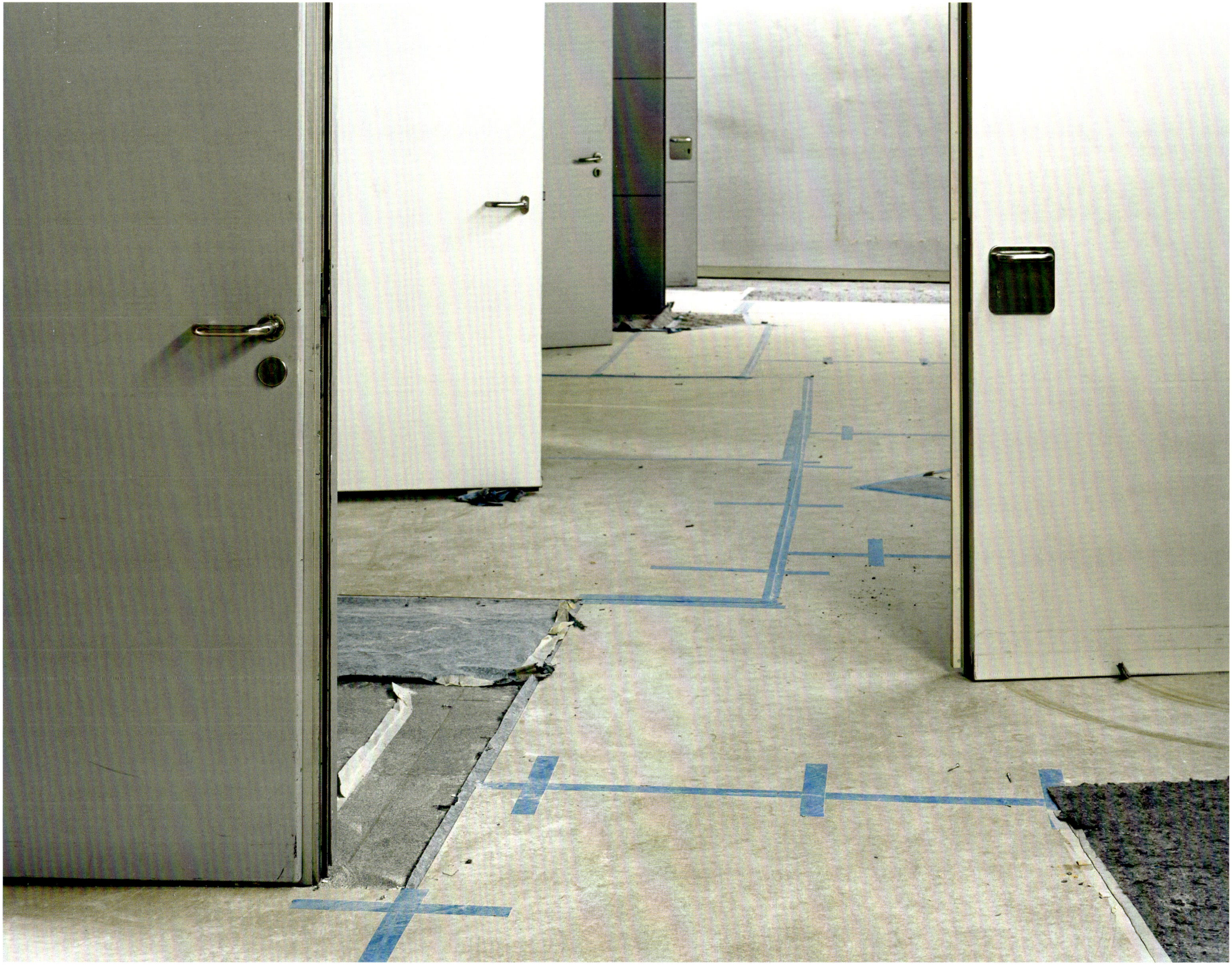

44 Silver Tower #46 2010

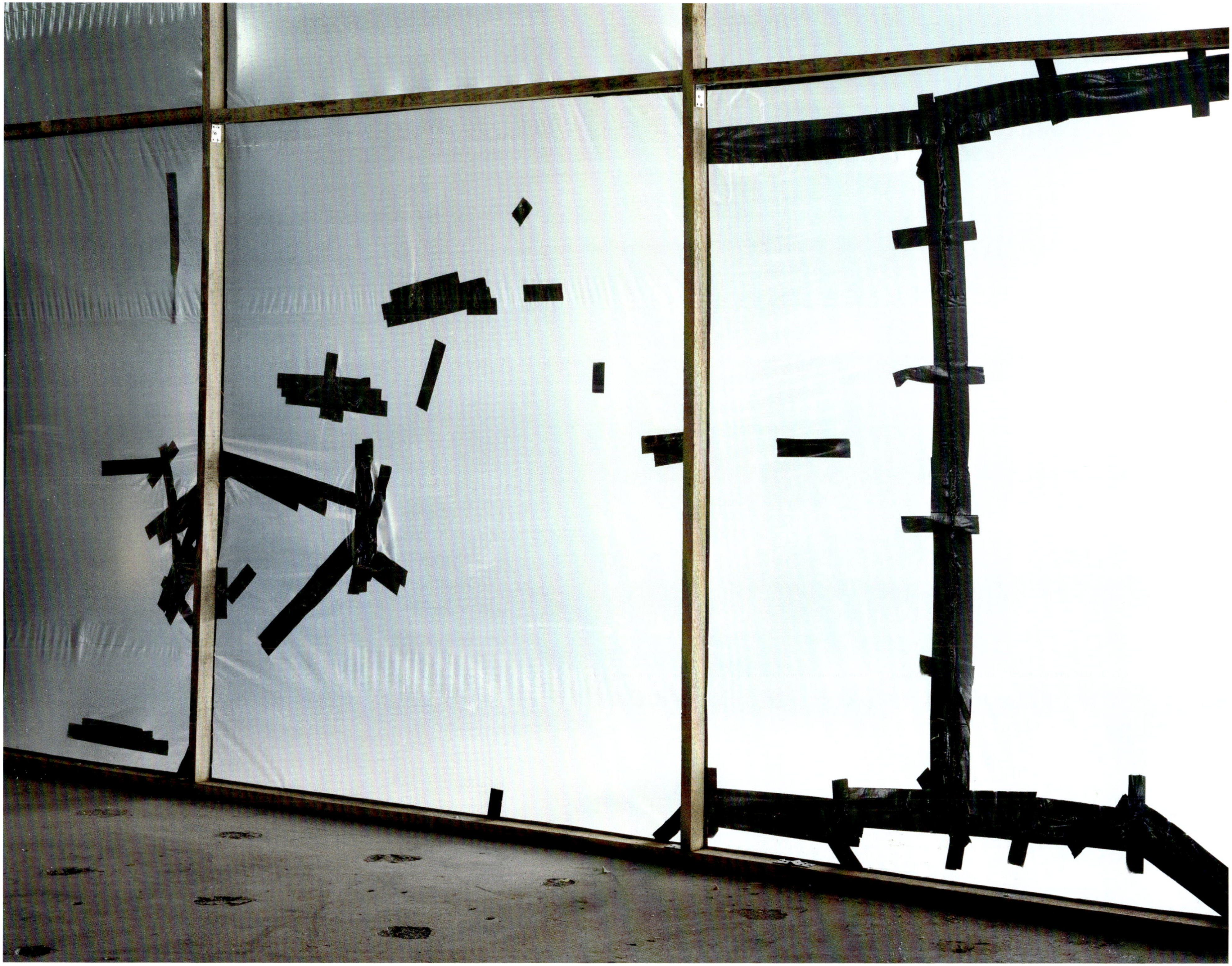

45 Silver Tower #32 2010

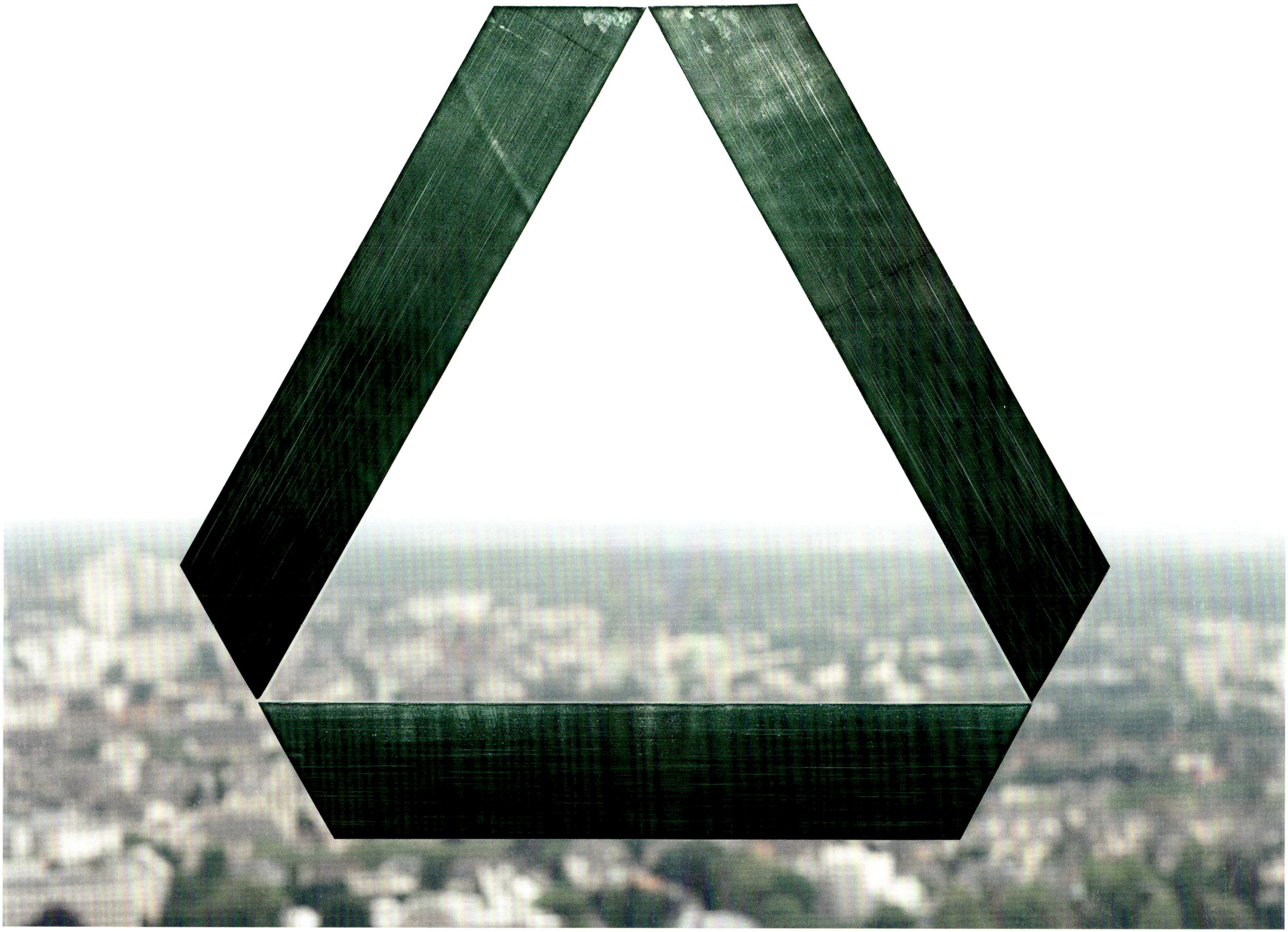

Bereits mit seiner ersten programmatischen Serie *Bahnhöfe* (1988) stellte der in Leipzig lebende Fotograf Matthias Hoch ein besonderes Gespür für die Ausstrahlung von Orten unter Beweis, denen ein spezifisches Zeitaroma anhaftet und die dadurch besser als andere geeignet sind, als historische Signatur lesbar werden zu können. Ein Jahr vor dem Mauerfall verkörperten Schalterhallen und Unterführungen, Gepäckschließfächer und Spruchbänder ostdeutscher Bahnhöfe eine visuelle Matrix, die aus heutiger Sicht deutlich die Ausweglosigkeit und Tristesse dieses geschlossenen Systems transportiert, damals aber den ästhetischen Standard eines miterlebten Alltags bildete. Um der eigenen Involviertheit in diese Existenz zu entkommen, musste eine konzeptuelle Distanz zu allen Dingen und Gewohnheiten der sogenannten Normalität ausgebildet werden, in deren Folge eine neue, quasi doppelte Wahrnehmung möglich wurde. Das hieß, Situationen und Gegenstände zum einen so zu sehen, wie sie im konkreten Moment erschienen, zum anderen aber ihre Eignung zum späteren Sinnbild zu antizipieren und kenntlich zu fixieren. Diese Fähigkeit zur objektivierenden Vorwegnahme besitzt Matthias Hoch seitdem in besonderem Maße, und sie ist zweifellos ein Grund dafür, dass auch alle nachfolgenden Projekte die Frage verfolgten, wann und wie die Sichtbarkeit jeder Gegenwart in die Konstruktion eines wesentlichen Bildes überführt werden kann.

Seitdem sind 25 Jahre vergangen, und durch alle brachialen Weltenwechsel hindurch bildete das Hoch'sche Werk seine Koordinaten aus: Präzision des Bildaufbaus, Konzentration auf signifikante Details, Eliminierung tagespolitischer Erzählungen. Solcherart ist eine Chronik entstanden, die in ihrem unbedingten Willen zur Form eine Suche nach der Essenz vor Augen führt und von allem Zufälligen, insbesondere vom »Störfaktor Mensch«, geläutert zu sein scheint. Dennoch geht es dabei gerade nicht um eine Apologie der Perfektion, sondern um deren Verheißung durch Architekten, Stadtplaner, Designer vor jeder Inbesitznahme durch tendenziell defekte Realitäten. Denn alle diese Serien, von *Reichstag* (1993), *Klinikum* (1995/96), *Speicher* (1997) über die urbanen Erkundungen in *Paris* (1998/99), *Brüssel* (2001/02), *Rom* (2003–06), *Almere* (2006–08) bis hin zur Bestandsaufnahme des *ICC Berlin* (2009) dokumentieren mehr oder weniger die Ambivalenz zwischen technikbasiertem Entwurf und erwartbarer Ernüchterung. Der sichtbare Glanz der Oberflächen und Materialien, die Ordnung der Datenträger und Verkehrsführungen korrespondiert auf frappierende, gleichwohl diskrete Weise mit der nicht sichtbaren Irregularität des Lebens, mit seinen widerstreitenden Interessen, seinem Lärm, seinem Schmutz, seinem Chaos. Insofern hat Matthias Hoch sich bisher ganz bewusst in typologischen Bezirken bewegt, hat Raster, Reihen und Sequenzen betont und die narrativen Aspekte der erfassten Szenerien programmatisch getilgt. Dieses Verfahren, nobilitiert durch die Begründer der Düsseldorfer Schule und potenziert durch deren Nachfolger, erfährt nun im jüngsten Projekt *Silver Tower* (2009–11) eine paradigmatische Erweiterung.

Das Tabu der Erzählung hat sich verflüchtigt; die formale Prägnanz der Aufnahme sträubt sich nicht länger gegen den Transport einer konkret verortbaren Information. Die Zeichen und Hinterlassenschaften verdichten sich gleichsam zur sichtbaren Biografie einer Ära.

Denn dieser *skyscraper*, seit seiner Einweihung als Konzernzentrale der Dresdner Bank im Jahr 1978 mit 166 Metern lange Zeit das höchste Gebäude Deutschlands, war von Beginn an immer mehr als nur ein funktionaler Unternehmenssitz. Er verkörperte als vertikales

Wahrzeichen von Frankfurt am Main ostentativ die Idee des prosperierenden Fortschritts und des unumschränkten Wachstums. In einer Kommune, die sich in dieser Zeit rasant zu einem europäischen Finanzzentrum hin entwickelte, reklamierte der Silver Tower darüber hinaus so etwas wie ästhetischen Führungsanspruch. Durch seine silbern schimmernde Aluminiumfassade, durch seine durchgängig abgerundeten Ecken und das System visueller Kommunikation im Inneren (entworfen von Otl Aicher) verhieß dieses Bauwerk eine Kongruenz von ökonomischer und kulturell-architektonischer Macht, wie sie andernorts wohl nur noch in New York zu finden war. Die Aufholjagd der Wirtschaftswunderjahre hatte hier ihren fulminanten Abschluss gefunden, und das Tor in Richtung *Mainhattan* war unumkehrbar aufgestoßen worden. Zugleich aber, und das dürfte im Selbstverständnis der Bauherren keine geringe Rolle gespielt haben, demonstrierte das Monument aus 32 Etagen auch die letztlich nicht zu erschütternde Stabilität eines Unternehmens, dessen Vorstandssprecher Jürgen Ponto während der Bauzeit dem Terror der RAF zum Opfer gefallen war und das die Fertigstellung dieses Projekts durchaus als systemische Antwort auf die Herausforderungen des Deutschen Herbstes verstand. Mit anderen Worten: Von seiner Einweihung bis zu seiner grundlegenden Sanierung im Jahr 2009, also immerhin drei Dezennien lang, verfügte dieses Gebäude neben seiner physischen Präsenz vor allem über eine enorme symbolische Aufladung, die es weit über seine materielle Beschaffenheit hinaus zum Ort der Projektionen von Macht, Geld und Einfluss erklärte.

Erst gegen Ende hin, dann aber gewaltig, zerstob dieser Nimbus – beginnend mit Studien aus dem Jahr 2006, die die Rolle der Dresdner Bank zur Zeit des Nationalsozialismus untersuchten und klare Mittäterschaften, etwa als sogenannte Hausbank der SS, beweisen konnten, bis hin zu den Milliardenverlusten im Umfeld der Weltwirtschaftskrise 2008, die schließlich zur erzwungenen Fusion mit der Commerzbank führten. All diese Ereignisse haben Spuren hinterlassen, Ablagerungen und Abdrücke, die im radikalen Prozess der Umnutzung des Gebäudes ein letztes Mal zu Tage treten und einen präzisen Beobachter erfordern, der sie vor dem endgültigen Entschwinden fixiert. Genau ein solcher Beobachter ist Matthias Hoch, und die zwei Jahre, die er sich, mit seinen Worten, der „Ausweidung dieses Riesen" gewidmet hat, eröffneten den erzählerischen Spielraum zwischen dem „Nicht mehr" und dem „Noch nicht", aus dem eine sinnreiche und zweckfreie Betrachtung der Welt erwachsen kann.

Bei der ersten Begegnung mit den 45 Fotografien mag deren durchgängiges Querformat überraschen, erstreckt sich ihr Gegenstand doch in himmelhoher Vertikale. Doch schnell wird klar, dass es sich dabei nur um die Außenansicht handelt, um das prestigeträchtige Zeichen. Von innen her gesehen, aus der Perspektive der ehemaligen Nutzer, dominiert die gestauchte Horizontale »der gestapelten Arbeitsinseln« für insgesamt 2.200 Beschäftigte. Selbstredend ist von ihnen auf den Fotografien von Matthias Hoch niemand mehr anwesend; eine Patina der Erinnerung überzieht die zurückgelassenen Gegenstände und erklärt sie zu Stellvertretern eines einstigen Geschehens. Welche Entscheidungen mögen vor den bodentiefen Fenstern getroffen worden sein, je nach Relevanz in aufsteigender Hierarchie bis zur Spitze mit vermeintlich gottgleichem Blick über die zu Füßen liegende Mainebene? Wie mag sich der Büroalltag vollzogen haben zwischen den weiblichen Sekretärinnen und den männlichen Chefs, zwischen Aufsteigern im Fahrstuhl nach oben und den Kandidaten des Geschehenlassens in Teeküchen und Raucherinseln? Konferenzen, Bilanzen, Nächte am Computer, der Herz-Rhythmus-Takt der Aktienkurse – all das hat diese Räume einmal akut unter Spannung gesetzt. Nichts davon ist mehr unmittelbar spürbar, nurmehr ein verhallendes Echo aus Schatten, Abdrücken, Narben bleibt vernehmbar. Genau das ist es, was Matthias Hoch unter einer *Archäologie der Gegenwart* versteht: Befunde sichten in der Stille nach der Aktion, um ihre jeweilige Schönheit, mitunter auch Würde im Kontext einer neu gewonnenen Funktionslosigkeit sichtbar werden zu lassen. So entwickeln Schaltpläne für Beleuchtung und Fahrstühle eine eigene Faszination, die nicht mehr im Bedienen-Können gründet, sondern die Verteilung von Knöpfen und Diagrammen auf einer Fläche sozusagen mit *interesselosem Wohlgefallen* registriert. Türen und Paneele, einst bedeutende Elemente der Distinktion – was ging hinter diesen geschlossenen und gepolsterten Türen vor sich – haben nichts als changierende Flächen hinterlassen, die im Verbund mit dunklen Stellen an der Wand allenfalls noch von der Anwesenheit von Bildern künden. Bildern wiederum, die im Laufe der Jahre zu einer hochkarätigen Sammlung gediehen und die in exemplarischer Weise die Erwartung der Besitzenden an die Kunst einlösen konnten: dass sich ihr ästhetischer Imagetransfer mit einer veritablen Wertsteigerung verbinden möge.

Im Falle der Dresdner Bank kam dieser Mehrwert zwar der obsiegenden Commerzbank zu, warf aber rückblickend ein *sympathiegrünes* Licht auf die Anlagestrategien der Kunstberater, als beispielsweise bei einer internationalen Versteigerung im Februar 2010 allein für eine Skulptur von Alberto Giacometti rund 75 Millionen Euro gezahlt wurden. Zugleich sei hier ohne jede Ironie vermerkt, dass sich die Dresdner Bank durch ihre Kulturstiftung tatsächlich in überaus nachhaltiger Weise für Kunst und Kultur engagiert hat; ein Umstand, der ihr aus der Logik des Systems heraus offenbar nicht zum Vorteil gereichte, weshalb heute die Erinnerung an diese Aktivitäten die entstandene Leerstelle überdecken muss. Erinnerungen etwa an Konzerte, Lesungen und Ausstellungseröffnungen in der

31. Etage, quasi inmitten des Abendhimmels über Frankfurt, von wo aus sich im wörtlichen wie im übertragenen Sinne neue Horizonte eröffneten.

Unter diesen Schichten wiederum lagert eine tiefere, die des legendären Schwimmbads nämlich, das sich bis 1994 in eben diesem Geschoss für alle Mitarbeiter befand und das gängige Klischee von sozialem Oben und Unten zumindest in diesem Punkt in Frage stellte. Die bautechnische Notwendigkeit eines Wasserreservoirs in dieser Höhe konnte also damals schon, ohne angestellte Wellness-Berater wohlgemerkt, in den egalitären Luxus eines Hallenbades gewandelt werden, Chapeau!

Und auch dieses noch: 1984, also nur sechs Jahre nach Fertigstellung, diente der Silver Tower als Kulisse für den Spielfilm *Abwärts*, in dem ein gehetzter Götz George samt Filmpartnerin den Fallstricken von in die Tiefe sausenden Fahrstühlen hochdramatisch entkommt. Welcher Bankmitarbeiter hätte diese Szenen nicht vor dem inneren Auge gehabt beim täglichen Auf und Ab zwischen den Entscheidungsebenen?

Was von dieser anekdotischen Materie hat sich den Räumen, dem genius loci des Gebäudes tatsächlich eingeschrieben, und was davon ist bei einer heutigen fotografischen Recherche noch auffindbar?

Matthias Hoch gibt auf solcherart Fragen seine eigenen Antworten, und er tut dies präzise, formbewusst und mit einer Fokussierung auf das Unspektakuläre. Was ihn dabei besonders auszeichnet, ist der skulpturale Blick, mit dem er die Monumentalität von Details betont und formatfüllend ins Bild setzt. So modifiziert sich eine Tresor-Tür zum Block der Minimal Art, ausrangierte Neonleuchten verdichten sich zu einer Akkumulation voll potenzieller Energie, und eine Ansammlung von Ledersesseln, denen das tiefe Einsinken zigarrenrauchender Entscheidungsträger bis heute eingeschrieben ist, wird zum Ornament der Macht. Teppiche und Bodenbeläge erzählen ihre Geschichte durch Abdrücke, Schleifspuren, Abnutzungen in einer sehr zurückhaltenden Art, als wäre ihre Funktion des Schallschluckens noch immer virulent, als dürften sie noch immer nur unter dem Siegel der Verschwiegenheit über die Exemplare der Zweibeiner berichten, die über sie hinwegschritten in handgenähten Schuhen und klackenden Pumps. Deutlicher treten da schon die Beleuchtungskörper auf den Plan: In einem großen Triptychon entfaltet sich eine Kaskade aus Deckenstrahlern, deren Wirkung wohl jeden darunter sitzenden Konferenzteilnehmer von der absoluten High-Tech-Kompetenz der Veranstalter überzeugen sollte.

Design vermittelt sich hier als Transmitter des Gefühls, alles unter Kontrolle zu haben und von der großen Gala bis zum Vier-Augen-Gespräch alles bestimmen und dimmen zu können; freilich nur für den, der an den richtigen Schaltern sitzt und sie zu bedienen weiß.

Ein exemplarischer Ort diesbezüglicher Zugangskontrolle ist wie überall die Pförtnerloge, deren Bedeutung schon an ihrer Form ablesbar ist: Der architektonische Grundriss der zwei miteinander verbundenen Quadrate, der den Silver Tower insgesamt bestimmt, wird hier in nuce wiederholt. Die zwei Aufnahmen der Serie dokumentieren den Prozess der (fast) rückstandsfreien Entsorgung der einstigen Schaltzentrale vom Kulissenstatus der nicht mehr verkabelten Geräte bis hin zur materiellen Totalauflösung. Die Prozeduren der Anmeldung, der Auskunft und gelenkten Orientierung haben sich vollständig verflüchtigt, so als wären sie nie existent gewesen; was bleibt, ist der Abdruck im Estrich und drei wirre Kabelknäuel.

Für alle Prozesse des Entkernens des Gebäudes hat Matthias Hoch einen dezidiert wachen Blick, ohne aber an den finalen Zielsetzungen der neuen Eigentümer weiter interessiert zu sein (die Commerzbank konnte die Deutsche Bahn AG als Hauptmieter gewinnen und verkaufte die Immobilie nach der vollständigen Renovierung schließlich an eine Investorengemeinschaft). Es ist der Blick auf das Transitorische von Zuständen und Verhältnissen, auf Umbrüche und Vorläufigkeiten. Herausgerissene Lüftungsschächte, eingehauste Pfeiler und abgeklebte Bauplanen erzählen eine andere, nur schwer instrumentalisierbare Geschichte dieses Mammon-Riesen, der nun, nach dem allfälligen relaunch, die Wunden seiner Häutung nicht mehr zeigen wird. Sie für einen kurzen historischen Moment erfasst und sichtbar gemacht zu haben, ist das Verdienst der fotografischen Arbeit von Matthias Hoch. Er gibt den Hinterlassenschaften einer entschwundenen Ära eine Form, die weit über ihre wirkliche Existenz hinausweist. Und er lässt den Betrachter ahnen, was es mit dem Allerweltswort von der Vergänglichkeit auf sich haben könnte.

The Remains of an Era

With his first programmatic series *Bahnhöfe* (Train Stations, 1988), Leipzig-based photographer Matthias Hoch demonstrated a special intuition for the ambience of places that embody the specific flavour of a time, and are thus better suited than others to be read as historical markers. One year prior to the fall of the Berlin Wall, the ticket counters, underpasses, luggage lockers, and banners at East German train stations represented a visual matrix which, from a contemporary point of view, directly conveys the hopelessness and dreariness of this closed system, but was, at the time, the aesthetic norm of everyday experience in the GDR. To avoid any personal association with this mode of existence, Hoch had to establish a conceptual distance from all the objects and practices of this apparent normality; this in turn made possible a new, as it were doubled, perception. The approach involved seeing situations and objects as they appeared in the moment, but also anticipating their future symbolic value and making this apparent. This knack of objectifying anticipation has since become a distinctive trait in Hoch's work. Without doubt it is one of the reasons why his later projects were also all concerned with the issue of when and how the perception of a present moment can be used for the construction of an essential image.

Twenty-five years have passed since then and, in the face of all the brutal changes that have taken place in the world, Hoch's work has extended its range: the precision of his image composition, his focus on key details, the exclusion of the narratives of day-to-day politics. In this way he has created a historical account that, with its strong will to form, illustrates a search for essential things; it seems to be purged of everything accidental, in particular the "human factor" with all the disruption it brings. And yet it is not concerned with a vindication of perfection, but rather with the promises of perfection made by architects, urban planners, and designers, without any acknowledgement of potentially defective realities. All of his series—from *Reichstag* (1993), *Klinikum* (Clinic, 1995–6), *Speicher* (Storage, 1997), and the urban explorations of *Paris* (1998–9), *Brüssel* (Brussels, 2001–2), *Rom* (Rome, 2003–6), and *Almere* (2006–8), to the depiction of the current state of the *ICC Berlin* (2009)—to a greater or lesser degree document the ambivalence arising in the gap between the ideal world of technical design concepts and the predictable disenchantment that follows. The visible sheen of the surfaces and materials, and the orderly world of data carriers and traffic routing correspond in a striking but also subtle way with the invisible irregularities of life, with all its conflicting interests, its noise, its dirt, its chaos. In this respect, Hoch has consciouly operated in typological areas until now; he has emphasized matrixes, patterns, and sequences while programmatically erasing the narrative aspects of the scenarios that he has recorded. This paradigmatic approach, which was enshrined by the founders of the Düsseldorf School and developed by their followers, is extended in Hoch's latest project *Silver Tower* (2009–11).

The taboo of narrative has disappeared; the formal concision of the photographs no longer fights shy of communicating the actual place they were taken. The marks and traces are condensed, so to speak, into a visual biography of an era.

After its opening as the head office of Dresdner Bank in 1978, this skyscraper was, at a height of 166 metres, for a long time the tallest building in Germany, but from the start it was also more than just a functional place of business. As a vertical symbol of Frankfurt am Main, it ostentatiously embodied the idea of prosperity, progress, and unlimited growth. For the municipality, which during this time was rapidly evolving into a European centre of finance, the Silver Tower also represented something like an aesthetic claim to leadership. With its aluminium façade, which glittered like silver, its rounded corners, and the interior system of visual communication (designed by Otl Aicher), the building promised a congruency between economic and cultural/architectural power that could otherwise only be found in a place like New York. The catch-up race of the post-war economic boom years found its flamboyant completion here, and the gate to "Mainhattan" had been cast open irreversibly. At the same time—and this aspect will likely have played a rather significant role in terms of the self-image of the building owners—the thirty-two-storey monument also demonstrated the unshakable stability of an institution whose chairman Jürgen Ponto had been a victim of RAF terrorism during the construction of the building, and which, indeed, saw the completion of the project as a systemic response to the challenges posed by the "German Autumn". Put another way, this building was defined for no less than three decades—from its opening until its complete renovation in 2009—not just by its physical presence but above all by an enormous sense of symbolism, which made it, far beyond its material characteristics, a place that projected power, money, and influence.

It was only towards the end, and then with considerable force, that this aura was destroyed—beginning with a 2006 study that examined the role of Dresdner Bank in the era of National Socialism and found clear proof of complicity with the regime (showing, for instance, that it acted as the so-called house bank of the SS), and continuing with the loss of billions during the global financial crisis of 2008, which lead to a forced merger with Commerzbank. All of these events have left their mark, accretions and imprints that are revealed one last time in the radical conversion process of the building. They require a precise observer to record them before they finally disappear. Matthias Hoch is just such an observer and the two years that he dedicated, in his own words, to the "evisceration of this giant" have opened a narrative space between the "not anymore" and the "not yet" which can be the starting point for gaining a meaningful and pure perspective on the world.

When you first see the forty-five photographs, the consistent use of the landscape format might come as a surprise, given that their subject rises up to the skies vertically. But it soon becomes clear that this verticality relates only to the building's outside appearance and its status as a prestige symbol. Seen from the inside, from the point of view of its former users, the compressed horizontal perspective of "the stacks of office islands" that were the workplace for the bank's 2,200 employees is revealed as the dominant factor. Of course, none of these employees appear in Hoch's photographs; a patina of memory covers the objects left behind, now proclaimed as representatives of what once was. What decisions might have been taken in front of these floor-length windows, resolutions made in an ascending hierarchy of importance reaching to the very top of the building, where the supposedly god-like view of the Main valley stretched out below one's feet? How might everyday life in these offices have looked, as it played out between the female secretaries and the male bosses, between the up-and-comers in the elevators and the let-it-be-ers in the tea kitchens and smoking areas? Meetings, balance sheets, nights at the computer, the rhythmic tick-tock of the stock markets—the acute urgency of all this had once coursed through these spaces. None of this is directly perceptible anymore, only a fading echo of shadows, marks, and scars remains. This is exactly what Matthias Hoch sees as an "archaeology of the present": to look closely at things in the quiet after the event in order to reveal their particular beauty and occasional dignity in the context of their new lack of function. Lighting plans and lifts thus develop a fascination that is no longer based on their usability, but which registers the placement of buttons and diagrams on a surface with what might be termed "disinterested pleasure". Doors and decorative panels, once important elements of distinction—the cachet associated with what went on behind closed and padded doors—have left nothing behind but iridescent surfaces, which, together with the darkened stains on the wall, still tell of the pictures that once hung there. Pictures that had blossomed, over the course of the years, into a highly distinguished collection, meeting the expectations their owners had for visual art: that the aesthetic image they exuded might tie in with a real appreciation in value.

In the case of Dresdner Bank this surplus value went to the successful Commerzbank, yet in retrospect it sheds a favourable light on the portfolio strategy of the bank's art consultants, given that in February 2010 an Alberto Giacometti sculpture from the collection earned the owners €75 million alone at an international auction. At the same time we should, without any trace of irony, note that Dresdner Bank had in fact maintained effective support for the arts and culture through its Kulturstiftung (cultural foundation); a fact that was evidently not seen as an advantage according to the logic of the system. This is why, today, the memory of these activities is all there is to fill the blank spot the Kulturstiftung has left behind. Memories of concerts, readings, and exhibition openings on the thirty-first floor, right in the middle, so to speak, of the evening sky above Frankfurt, where new horizons opened up both figuratively and literally.

Under these layers lie deeper memories, for instance of the legendary swimming pool that existed previously on this floor. It was open to all employees until 1994 and made, at least in this respect, the common clichéd assumptions of upper and lower social spheres seem questionable. Back then, the structural necessity of a water reservoir at this height was transformed, in the absence, mind you, of any wellness consultants on the staff, into the egalitarian luxury of an indoor swimming pool—all credit to the bank!

There is more: in 1984, only six years after its completion, the Silver Tower was used as the setting for the German action movie *Abwärts* (Out of Order), which features a stressed-out Götz George trying, together with his female co-star, to make a dramatic escape from a lift in danger of plunging into the depths. Which employees of the bank would not have had these scenes on their mind during their daily rides up and down between the different levels of decision-making? And we may ask: What parts of this anecdotal material have actually inscribed themselves into the space, into the genius loci of the building, and what remnants of it can still be discovered in contemporary photographic research?

Matthias Hoch has his own answers to questions like these and he articulates them in a very precise way, with an awareness of form and a focus on the unremarkable. What is characteristic is his sculptural gaze, which he uses to emphasize the monumentality of details, arranging them to fill the whole image space. Thus the door to a bank vault is modified into a block of minimal art, disused neon lights are condensed into an accumulation of potential energy, and a group of leather chairs, which still show the deep-seated impressions of cigar-smoking decision-makers, becomes an ornament of power. Carpets and flooring have their stories imprinted into them, tales modestly told by all the little signs of wear and tear, as if their function of absorbing sound were still acting as a restraint, as if they could still only speak under a pledge of secrecy of the two-legged specimens that strode upon them in hand-sewn shoes and clicking heels. The lamps make their mark rather more assertively: a cascade of ceiling lights unfolds in a large-scale triptych, the intended effect being to convince anyone sitting under them at a meeting of their host's high-tech credentials.

Design is used here to convey the feeling that everything is under control and that anything, from a grand gala to a private conversation, can be managed, and trimmed and dimmed as required; of course, only by the people who sit at the controls and know how to use them.

The most obvious site of such access control is, as everywhere, the front desk; its significance is already evident in its shape: the architectural blueprint of the two connected squares that defines the Silver Tower as a whole is here repeated in miniature. Two photographs in the series record the process of the (almost) residue-free disposal of the building's former nerve centre; from the stage-prop feel of the disconnected devices to the complete material disassembly of the reception area. The procedures of registration, providing information, and guided orientation have vanished entirely, as if they had never existed; what remains is an impression in the concrete floor and three chaotic bundles of cables.

Matthias Hoch looks at the processes of gutting the building with a keen eye, but with no further interest in the ambitions of the new owner (Commerzbank rented the building to Deutsche Bahn AG and went on to sell it to a group of investors after the renovation was completed). It is a look at the transitory nature of situations and circumstances, at radical changes and provisional arrangements. Torn-out ventilation shafts, encased pillars, and taped-up tarps tell a different story of this giant of finance, a story from which little mileage can be made, where, post-relaunch, the wounds left on the skin the behemoth shed will no longer show. The merit of Matthias Hoch's photographic work lies in its ability to capture and display such scars in a brief moment in history. He gives a form to the remnants of a bygone era, which have a resonance well beyond their actual existence. And he gives the viewer an idea of a possible meaning of that catch-all term "transience".

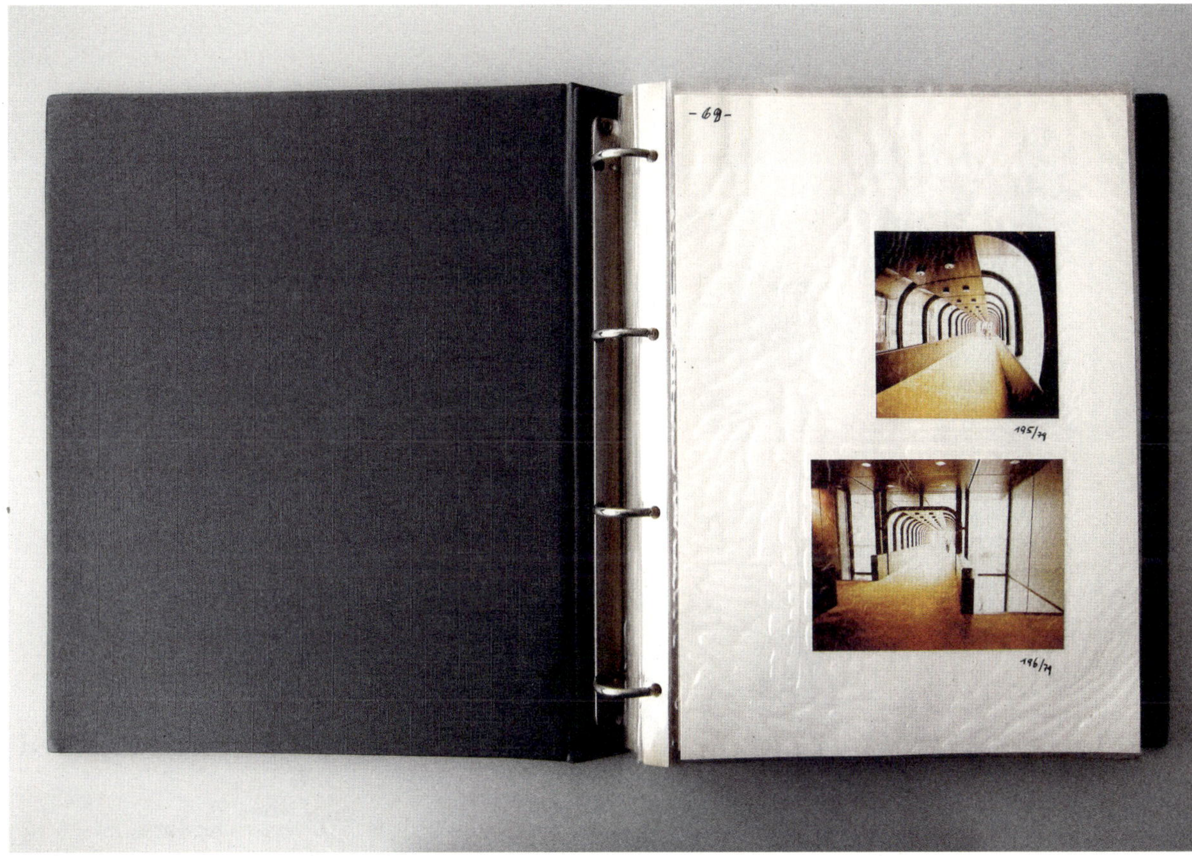

Archivmappe mit Fotos von Rudi Angenendt, entstanden 1979/80 im Auftrag der Dresdner Bank. Die Abbildungen auf den Seiten 108–111 sind diesen Mappen entnommen. Quelle: Historisches Archiv der Dresdner Bank, Frankfurt am Main.

Archive file with photos by Rudi Angenendt, as commissioned by Dresdner Bank in 1979/80. The illustrations on pages 108–11 are taken from this file. Source: Historisches Archiv der Dresdner Bank, Frankfurt am Main.

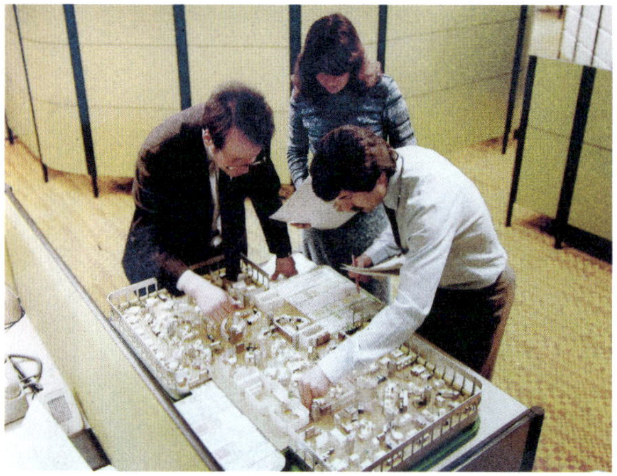
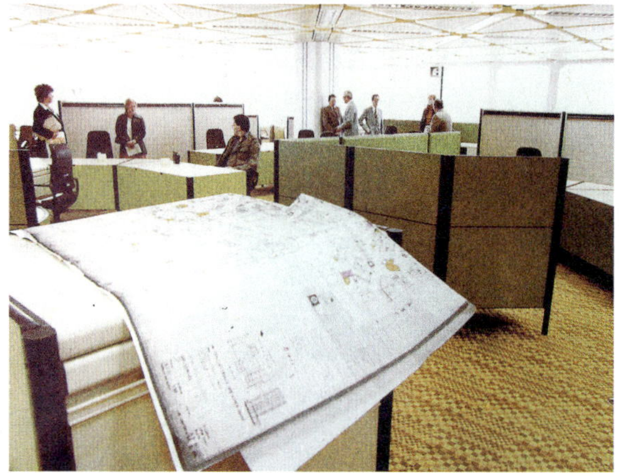
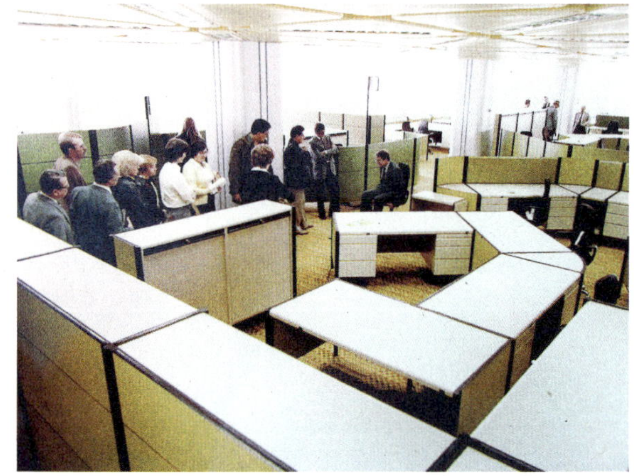
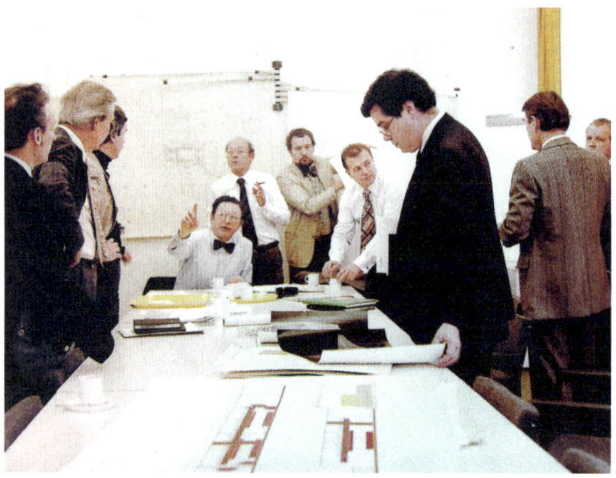
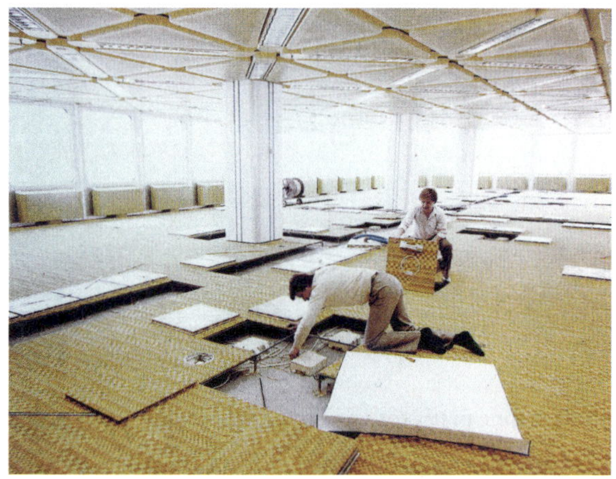
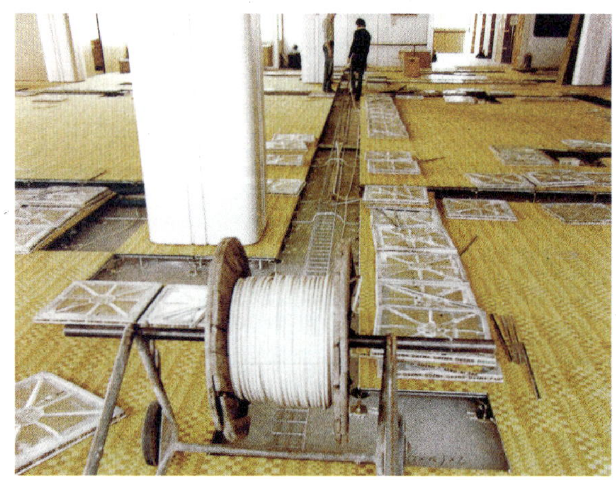
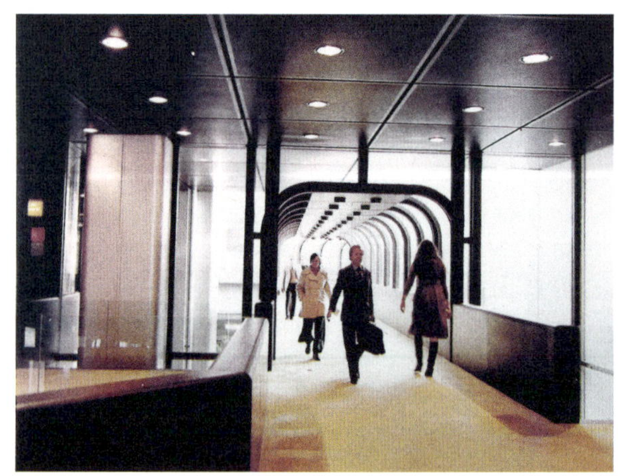

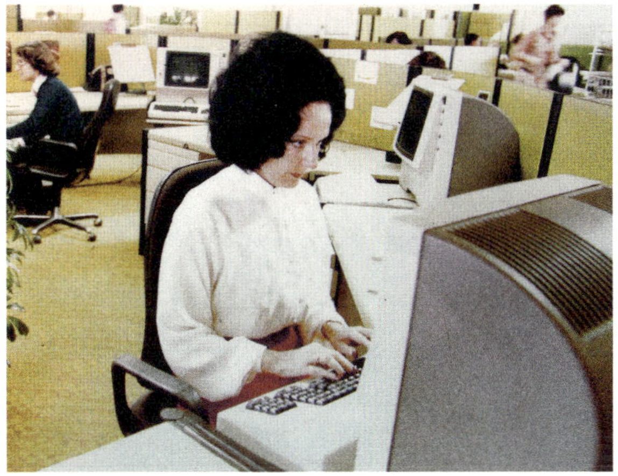
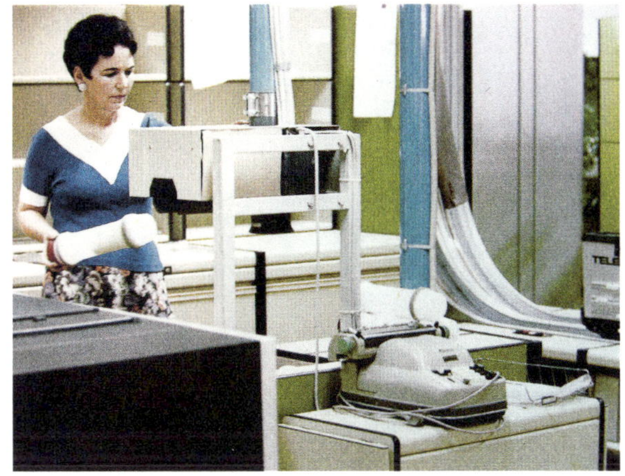
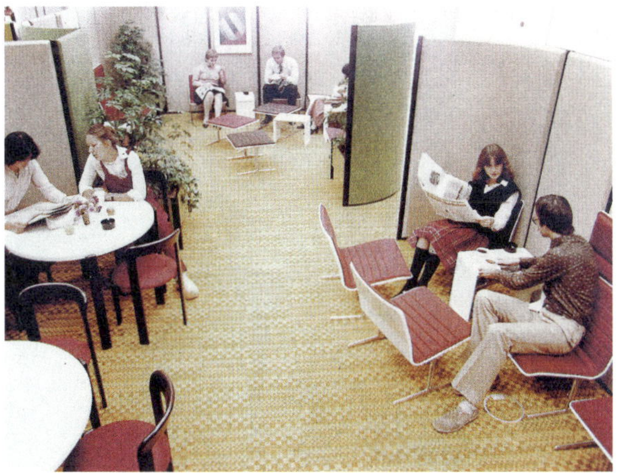
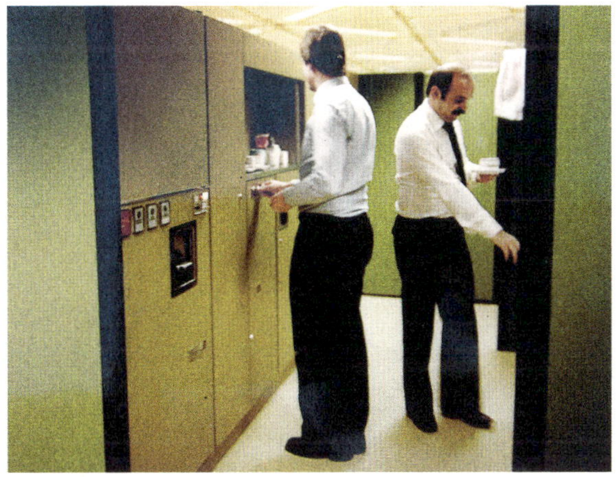
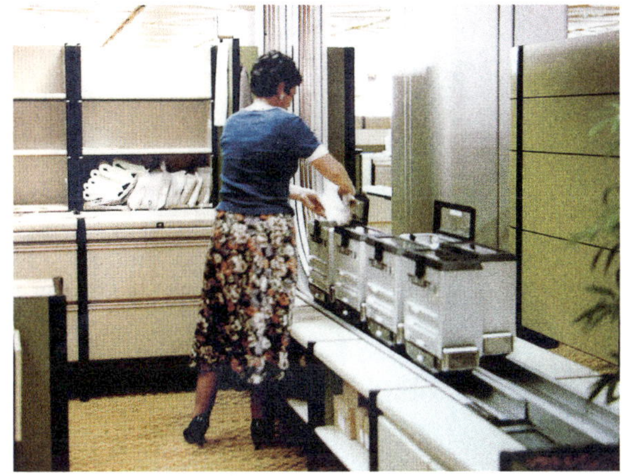
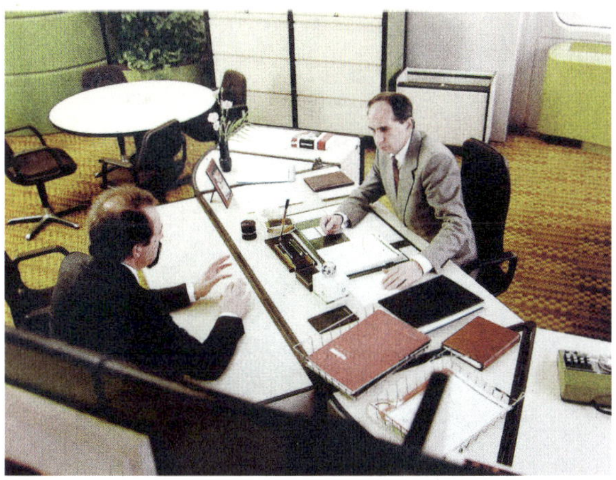
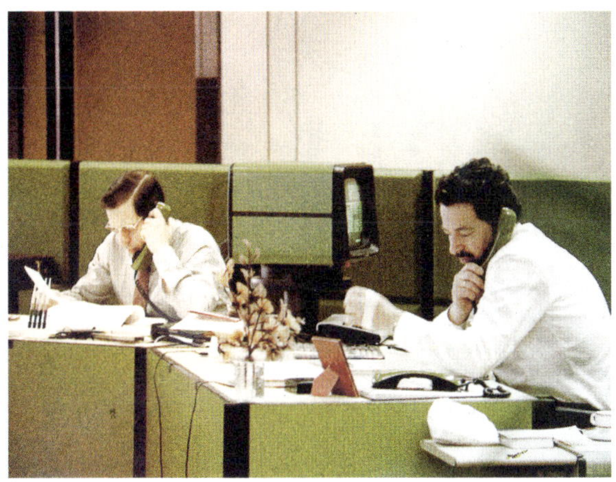

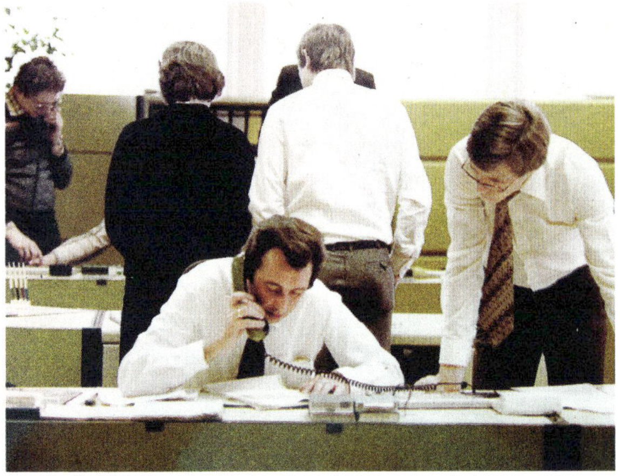
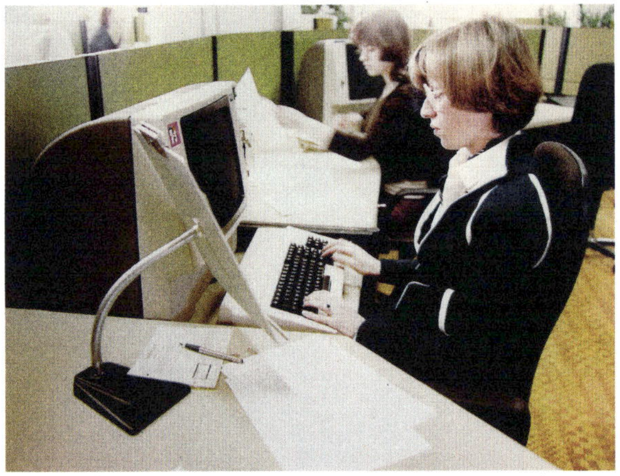
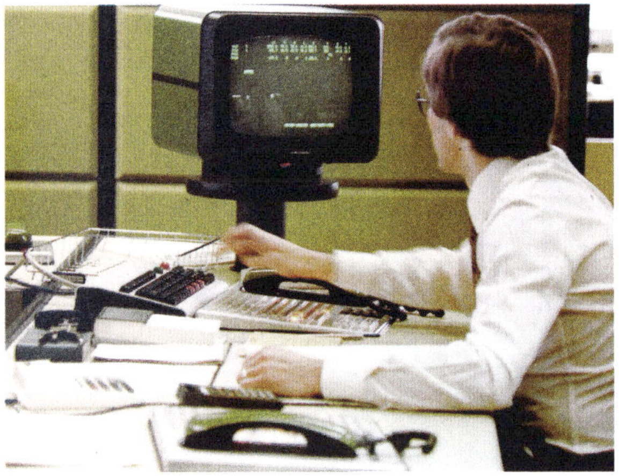
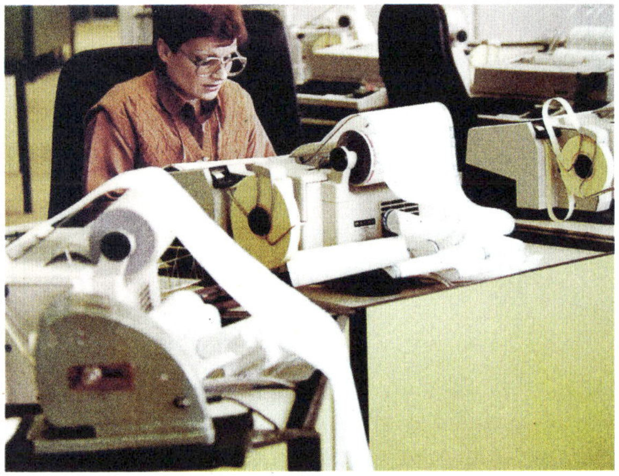
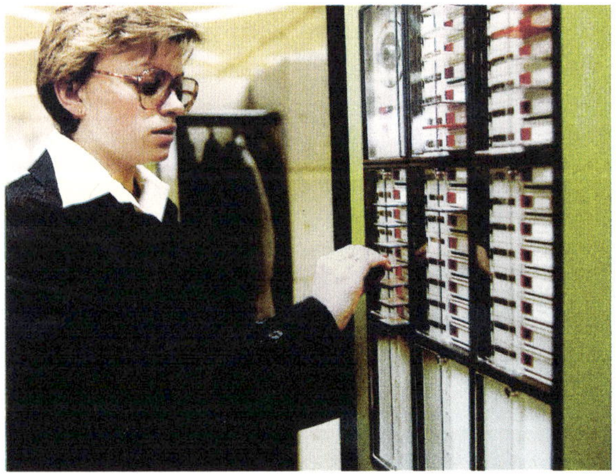
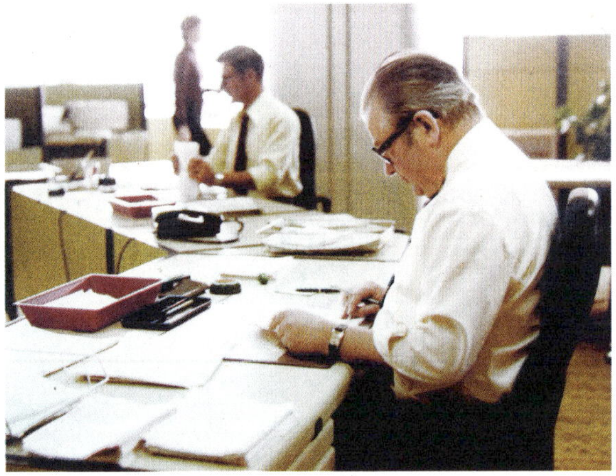
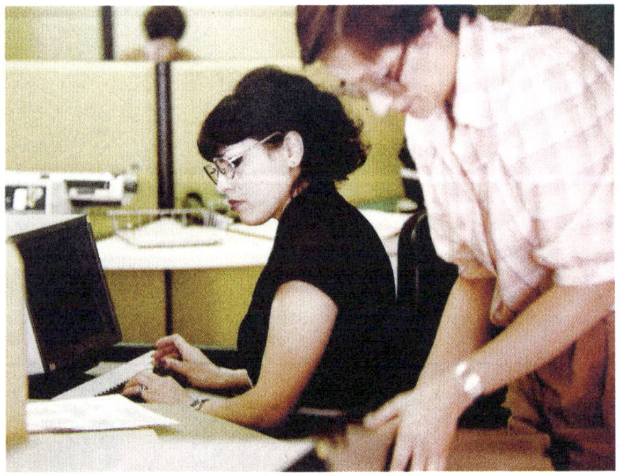

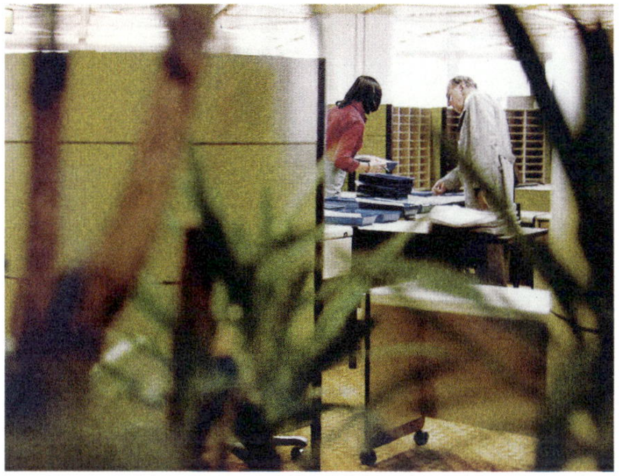
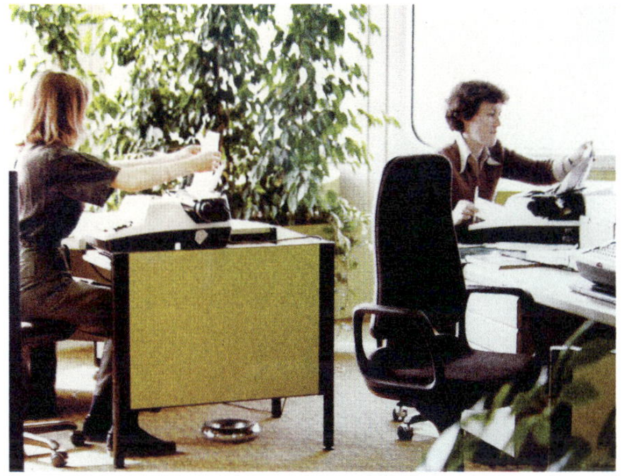
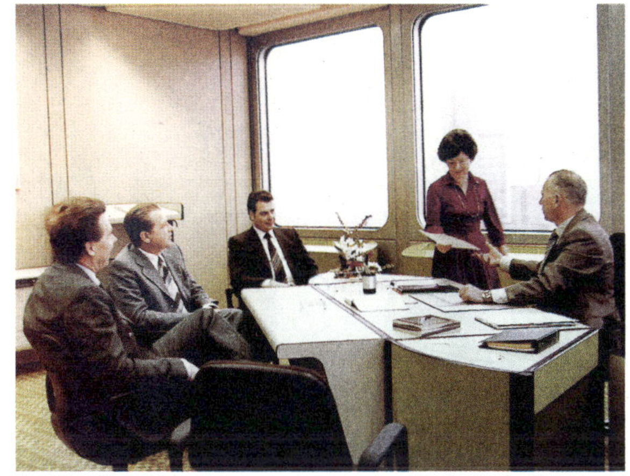
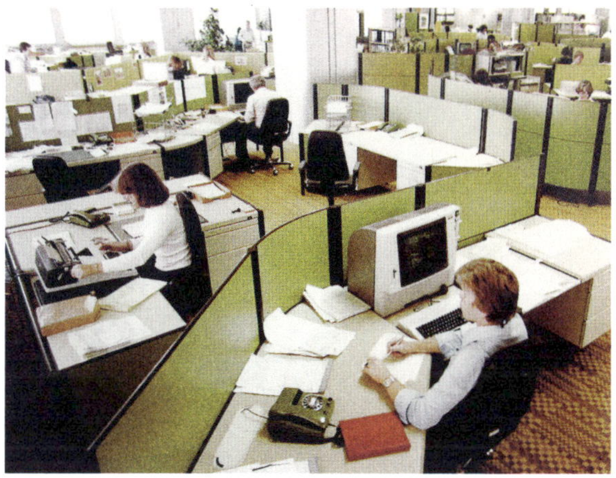
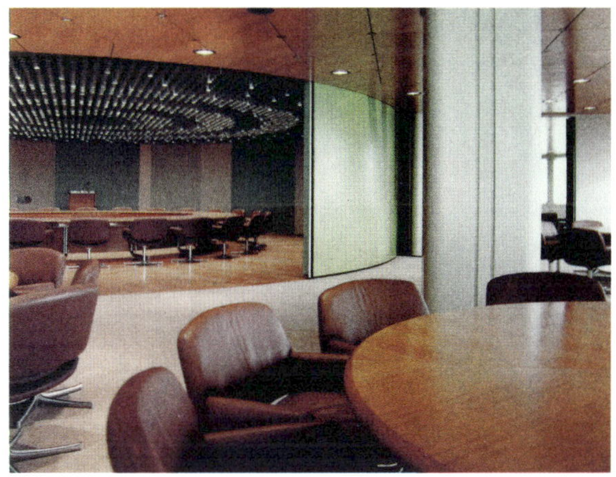
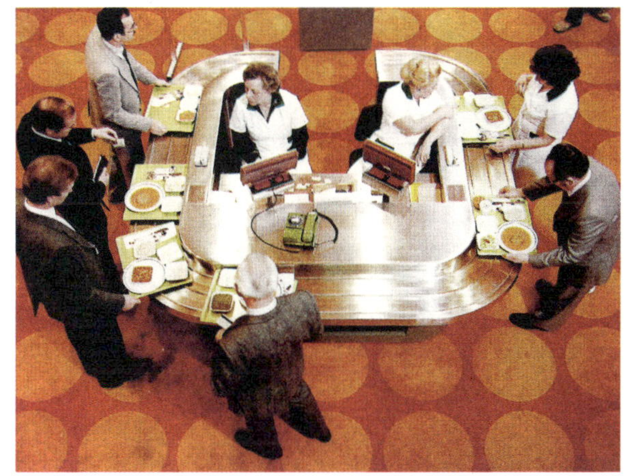
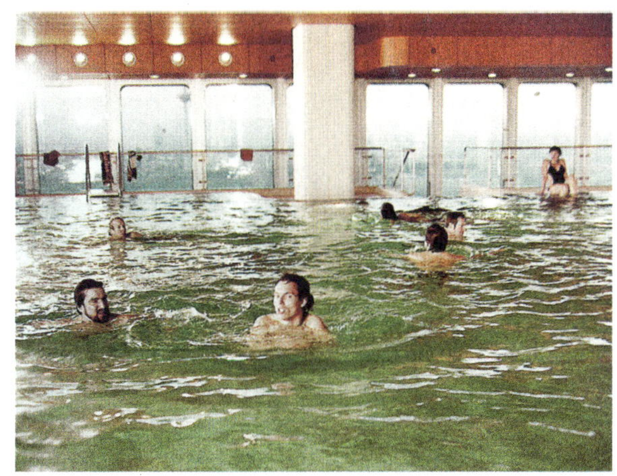

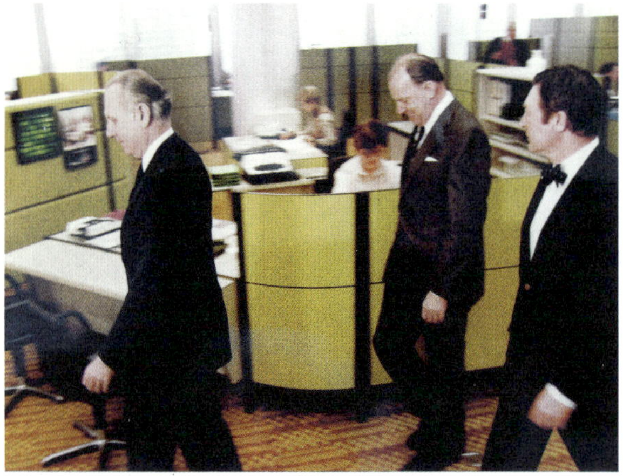
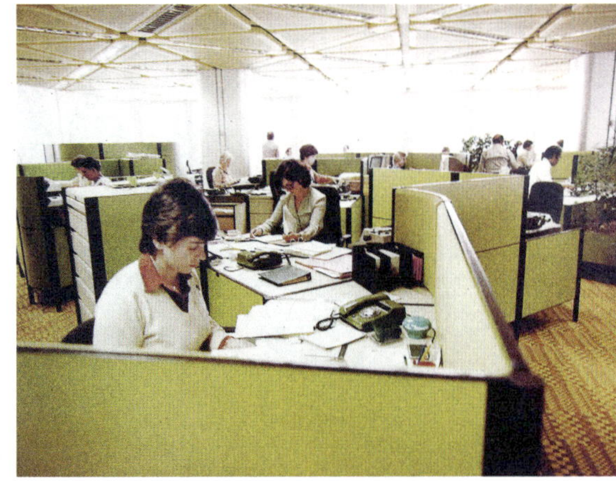
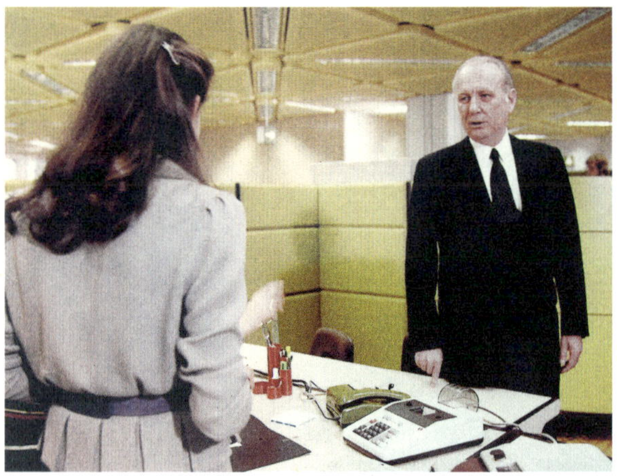
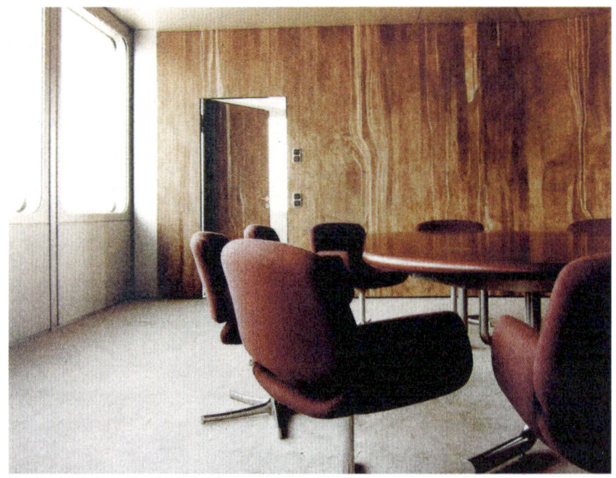
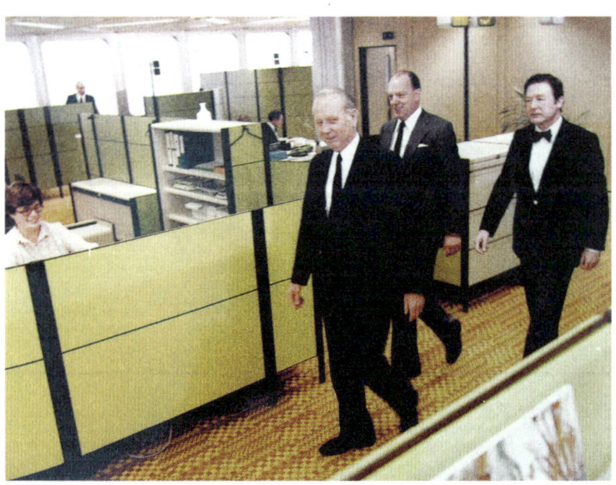

Der Vertrauenspartner

Am Nachmittag des 9. Juni 1970 fand in der Gallusanlage Nr. 8 in Frankfurt am Main ein denkwürdiges Treffen für die komplette Neukonzeption des Erscheinungsbilds der Dresdner Bank statt, zu dieser Zeit eines der größten deutschen Geldinstitute. Hier versammelt, diskutierte der damalige Vorstandsvorsitzende der Dresdner Bank, Jürgen Ponto, zusammen mit dem Strukturierungsexperten des Vorstands, Karl Friedrich Hagenmüller, dem Architekten Hannsgeorg Beckert und dem Grafik-Designer Otl Aicher die neue visuelle Sprache und das neue Erscheinungsbild in der Architektur des 1872 gegründeten Bankhauses. Dem Konzern stand nach knapp 100 Jahren eine Revolution von visueller Sprache und Architektur ins Haus. Die großangelegte Umstrukturierung führte zu einem für die Geschichtsschreibung des Corporate-Designs wichtigen Ereignis.

Den Rahmen der Reform der Dresdner Bank, die bereits 1969 den Umbau des Konzerns einleitete, gaben wie bei vielen Konzernen und Banken dieser Größenordung die kollektiven Gesellschaftsveränderungen. Dass sich die Zeiten gewandelt hatten, darüber waren sich die Experten der Runde einig. Eine Epoche, der Wirtschaftsboom der Nachkriegszeit, war zu Ende gegangen; eine neue kündigte sich mit den ersten Zeichen der Ölkrise an. Eine Unternehmensstudie hatte zu dem überraschenden Ergebnis geführt, dass der Kunde sich mehr und mehr vom Streben nach Besitz und Prestige abwende. Das Leben wollte nun gelebt werden, wenn auch abgesichert. »Ja zu jugendlichen, dynamischen Aktivitäten« und »ja zum Konsum« hieß es 1975.

Das reformierte Unternehmensimage setzte auf ein »Wir-Gefühl«, welches zum einen die Struktur innerhalb der Bank betraf, also das Durchdringen der unterschiedlichen Konzernhierarchien, zum anderen auch ganz konkret in einer aktiven Weise den Kunden der Bank gleichermaßen mit in den Konzern integrieren sollte. »Wir sind die Dresdner Bank. Jeder von uns« lautete der interne Slogan.

Konkret hieß das z.B. für das neue Corporate-Design des Raumes, in dem die Bank den Kunden empfing, dass eine neue Situation entstehen sollte, die den Kunden und die Mitarbeiter nicht trennte, wie es zu dieser Zeit noch durchaus üblich war. Es ging in den Köpfen der Planer um die Darstellung der individuellen und progressiven Dienstleistung am Kunden und vor allem am jungen Kunden. Also weg mit der Überhöhung des Raumes und der Darstellung von Macht in der Architektur und im Raumeindruck und hin zur großzügigen persönlichen Atmosphäre, die zum Wohfühlen einlud. Ganz im Zeichen der Zeit vital und kundenbezogen sollte er sein, der Eindruck, den das Bankhaus signalisieren wollte. Die bis dahin benutzte Farbe Gold wurde aus dem Erscheinungsbild eliminiert; an ihre Stelle trat Grün – aber nicht das Grün deutscher Uniformen, sondern ein hellerer, optimistischerer Ton.

Otl Aicher, Gründungsvater der Hochschule für Gestaltung in Ulm und der Grafik-Designer, der bereits seit 1966 mit dem Entwurf des Erscheinungsbilds der Olympischen Spiele in München beauftragt war, schien gemeinsam mit den Frankfurter Architekten ABB, die kurz vorher in Frankfurt das Hotel Intercontinental realisiert hatten, für Jürgen Ponto und sein Team der ideale Partner für den Prozess der visuellen Erneuerung. Aicher, der bereits in seinen 20 Jahre früheren grafischen Arbeiten figurative Motive ablehnte, hatte sich ganz im Zeichen der konkreten Kunst mit Formen, Mustern und der reinen Farbe beschäftigt. Von den Wandelementen abgesehen, stimmten sich die Räume in einer farblich ausbalancierten Mitte ein, moduliert über einen Kanon ähnlicher Tonintensitäten. Heutzutage würde man sich schon gerne eine neongelbe Franz-West-»Sitzwurst« als Kontrast in dieses Ensemble wünschen, oder auch nicht.

Dass sich Aichers Farbwelten gerade Mitte der 1970 Jahre zum ästhetischen Zeitgeist entwickelten, mag ein Zufall sein, es war aber die Dresdner Bank, die ihm die Möglichkeit bot, seine formale Grundhaltung bis ins kleinste Detail zu realisieren. In enger Zusammenarbeit mit dem damaligen Projektpartner von ABB Architekten Heinz Scheid entstand 1971 als erstes Ergebnis die Schalterhalle im Zinßer-Haus, dem ehemaligen Vorstandssitz. Sie war der Prototyp der weiteren Kundenarchitektur. Das in Grüntönen gehaltene Oktagon-Muster des Teppichbodens definierte den kleinsten Nenner der Geometrievorgabe, sowohl für das architektonische Grundraster der funktionalen Elemente, als auch für die Möblierung des Raumes, in Form von modularen Schreibtischinseln. Der zentral platzierte Kassenbereich symbolisierte mit seinen Plexiglasscheiben schon eine weit größere Kundennähe im Gegensatz zu den aus Panzerglas und Edelstahl üblichen Kassenkonstruktionen jener Zeit. Bis auf wenige Ausnahmen, wie die Sitzelemente, wurde praktisch jedes Detail, das in der Summe den Gesamteindruck widerspiegelte, extra hierfür entworfen und individuell angefertigt. Selten zuvor ergab sich im Kontext einer Bank ein geschlosseneres Stimmungsbild, das zusätzlich durch die fast schwarzen Wände in seiner Neuartigkeit verstärkt wurde.

In den folgenden Jahren wurden viele der Filialen der Dresdner Bank nach diesen Corporate-Regeln umgestaltet, je nachdem, wie es die vorgegebene Architektur zuließ. Alternativ zur grünen Farbgebung, die aus den Landesfarben des Freistaats Sachsen resultierte, konnten sich die individuellen Filialleiter auch für ein Rot entscheiden. Warum aber gerade diese Farbe, konnte mir niemand der Befragten konkret beantworten.
Wenige Jahre später wurde dasselbe Projektteam mit einer völlig neuen Aufgabe konfrontiert: Es galt nun, für die Dresdner Bank auch eine neue Konzernzentrale in Form eines Hochhauses zu entwerfen – praktisch in Rufweite zum Zinßer-Haus begann 1975 die Planung des Silberturms. Um strukturell den Anforderungen gerecht zu werden, die eine im Auftrag der Bank entstandene Studie beschrieb, entschied sich der Konzern für die Realisierung einer modernen Bürolandschaft als Arbeitsplätze für die einzelnen Etagen des Gebäudes. Dieses organisationskybernetische Planungsmodell verbreitete sich seit den 1960er Jahren rasant schnell – adäquat zum Wir-Gefühl sollte jetzt der »gesellschaftliche Angestellte« den »anonymisierten Angestellten« ablösen.

Zweitausend Quadratmeter Etagenfläche standen zur Umsetzung bereit, dreißig Etagen wurden zu vertikal gestapelten Arbeitsinseln für Mitarbeiter. Zur Eröffnung 1978 galten die 166 Höhenmeter des Silberturms – bis 1990 das höchste Gebäude Deutschlands – als zukunftsweisend. Eine der Innovationen war der eigens entwickelte Telelift, ein stockwerkübergreifendes Transportsystem für die Unterstützung der internen Kommunikation. Im Gegensatz zur damals üblichen Rohrpost bot er bereits die Möglichkeit, größere Anhänge wie Aktenordner mit einer Nachricht zu versenden. Die Etagenstationen des Telelifts dienten als zentrale Ein- und Ausgabestellen für Arbeitsdokumente, um die sich nun die Arbeitsinseln aus mehreren individuell von den Architekten entworfenen Schreibtischsystemen verteilten – ähnlich der Rasterstruktur der acht Jahre vorher entstanden Kassenhalle im Zinßer-Haus. Um nicht den Eindruck von Abgrenzungen oder Räumen zu signalisieren, strukturierte ein lediglich 1.40 m hohes Trennwandsystem den Raum, ebenfalls in corporate-grün.

Als Leit- und Navigationssystem für diesen Etagen-Organismus schoss Aichers Entwurf als einziger in die Raumhöhe – die Arbeitsinseln erhielten ein integriertes System aus Informationsmasten. Diese Bereichs-Bojen informierten durch ein codiertes System aus Lettern und Ziffern die Verortung der jeweiligen Arbeitsgruppe. Zusätzlich zeigte ein Ziffernblatt vis-à-vis der Trägersäule die Uhrzeit an.
Das Corporate-Design der Dresdner Bank ist in die Geschichte eingegangen. Sicherlich entsprechen beide realisierten Modelle von Kundenbetreuung und internen Arbeitsplätzen nicht mehr den Anforderungen heutiger Powerpoint-Ökonomie. Viele dieser Gestaltungs-Parameter haben sich inzwischen überlebt. Kein Konzern käme etwa heute auf die Idee, das Warten im Kundenraum durch eine wohnliche Atmosphäre mit großen Sitzgruppen und ausliegenden Zeitungen zu thematisieren. Manches, wie die Integration des Markendesigns im Raum, wurde konsequent weiterentwickelt. Suggeriert werden heute durch eine engere Raumgestaltung kurze Wartezeiten – auch wenn das nicht unbedingt der Kundenerfahrung entspricht. Aber sollen wir überhaupt noch die Filiale eines Geldinstituts aufsuchen? Es ist gegenwärtig, auch aus ökonomischen Gründen, nicht mehr das primäre Interesse der Geldinstitute. Der tägliche Banken-Service ist weitgehend ins Internet entschwunden.

Selten aber wurde jemals wieder ein so starkes und in sich geschlossenes Image für ein Geldinstitut entwickelt wie das der Dresdner Bank der 1970er Jahre. Ein Image, das auch 40 Jahre später, vom Retrodesign-Aspekt einmal abgesehen, noch immer jede Menge Emotionen hervorruft – so war es damals gedacht. Den meisten Designentwürfen ist das bis heute nicht gelungen.

Der Text erschien in einer ersten Version in der *Frankfurter Allgemeinen Zeitung* am 29.12.2009.

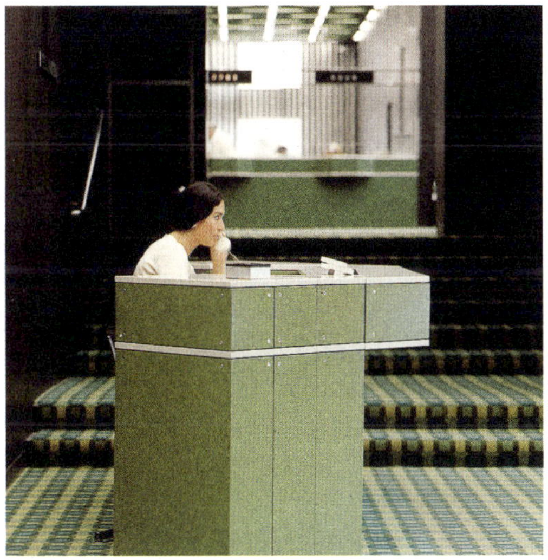

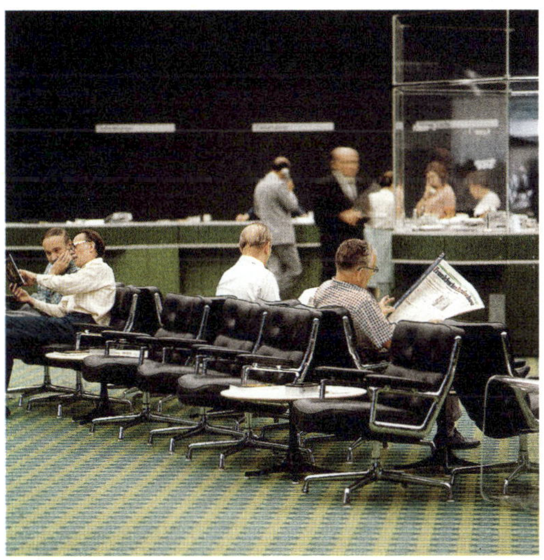

Schalterhalle im Zinßer-Haus, 1971/
The service-counter area in the Zinßer Haus, 1971
(Foto: Ulfert Beckert)

On the afternoon of 9 June 1970, a historic meeting took place at Gallusanlage 8 in Frankfurt am Main. Its topic was the reconceptualization of the entire corporate identity of Dresdner Bank, at the time one of the largest German financial institutions. Gathered here were Dresdner Bank's then chairman Jürgen Ponto, the board's structuring expert Karl Friedrich Hagenmüller, the architect Hannsgeorg Beckert, and the graphic designer Otl Aicher—together they discussed the new visual language and architectural appearance of the bank. Nearly a hundred years after its founding in 1872, a revolution in design and architecture was due. And consequently, the large-scale reorganization of the bank itself also led to a rewriting of the history of corporate design.

The reform of Dresdner Bank had already begun to initiate a restructuring of the enterprise in 1969. Its larger context, as with many enterprises and banks of this magnitude, was that of a collective social change. The assembled experts agreed that times were changing: the post-war era of economic boom had come to an end; a new era was announcing itself through the early signs of the oil crisis. Surprisingly, the results of a company survey had shown that the average customer was turning more and more away from the pursuit of property and prestige. It was about time to live life, albeit in a state of (financial) security. In 1975, it was "Yes to dynamic, youthful activities" and "Yes to consumption".

The reformed company image relied on a feeling of "togetherness", which on the one hand affected the structure within the bank, i.e. by penetrating the different company hierarchies, and, on the other, involved a very specific and active integration of the bank's customers into the corporation. "We Are Dresdner Bank. Each and Every One of Us" was the internal slogan.

In terms of the new corporate design of the space where the bank would welcome its clients, this effectively meant creating a new set-up in which there would be no separation between customers and staff as was still generally the case at this time. In the minds of the designers, everything revolved around the representation of the individual and progressive service offered to the bank's customers, and above all to its young customers. It was to be a move, then, away from elevated ceilings and the architectural and spatial representation of power, and towards a generous personal atmosphere which conveyed a feeling of comfort. Keeping up with the times, the impression that the banking house wished to give was one of vitality and customer-orientation. The colour gold, which had been previously used, was eliminated from the corporate appearance; instead green—not the green of German uniforms but a lighter, more optimistic hue—took its place.

Otl Aicher, founding father of the Ulm School of Design and the graphic designer who, in 1966, had been commissioned with designing the appearance of the Olympic Games in Munich, together with the Frankfurt architectural firm ABB, who shortly before had realized the Hotel Intercontinental in Frankfurt, seemed for Jürgen Ponto and his team to be the ideal partners for the process of visual renovation. Aicher, following the precepts of concrete art, had dismissed figurative motifs twenty years prior to this in his early graphic works, and had concentrated on forms, patterns, and pure colours. Except for the wall elements, the spaces were attuned to a balanced middle range of colour, modulated over a canon of similar intensities of tone. Today one might wish for a neon-yellow Franz West "sausage seat" to offset this ensemble—or then again maybe not.

The fact that Aicher's colour schemes evolved into the aesthetic zeitgeist of the mid-1970s may be coincidental, but it was Dresdner

Bank that offered him the possibility to implement his formal approach right down to the smallest detail. Aicher worked closely together with the project partner, ABB's architect Heinz Scheid, and the first results of their collaboration appeared in 1971: the service-counter area in the Zinßer Haus, the former board headquarters, became the prototype for future customer areas. The octagonal pattern of the carpet, in a variety of green tones, represented the lowest common denominator for the geometrical specifications laid down both for the basic architectural pattern of the functional elements and for the furniture of the room, which took the form of modular desk islands. The centrally placed cashier area with its perspex panes symbolized a much greater proximity to the customer than the usual bullet-proof glass and stainless steel constructions of the counters that were commonly in use at the time. With a few exceptions, such as the seating areas, almost every detail that added to the overall impression of the bank was designed specifically for the environment and manufactured individually. Seldom before had there been such a cohesive atmospheric setting created for a bank, and its novelty was emphasized even more by the nearly black walls.

In the next years many branches of Dresdner Bank were redesigned in accordance with this set of corporate rules, depending on what the existing architecture allowed for. As an alternative to the green colouring that was drawn from the state colours of the Free State of Saxony, the individual bank managers could also choose a red colour—however, none of the people I asked could tell me why this was the alternative.

A few years later, the same project team was confronted with an entirely new task: their assignment was to design a new company headquarters for Dresdner Bank in the form of a high-rise. The Silberturm (Silver Tower) was to be virtually within hailing distance of the Zinßer Haus, and the planning for it began in 1975. To do justice to the structural requirements described by a study that the bank had commissioned, the company decided to create a modern office landscape as workplaces for the individual floors of the building. Following a cybernetic idea of organization, this planning model had spread rapidly since the 1960s—it was well adapted to engender the feeling of "togetherness" required to banish the "anonymous employee" and make space for the "corporate employee".

Two thousand square metres of floor space were available, and thirty floors were transformed into vertically stacked work islands for the staff. At the time of its inauguration in 1978, the 166 metres of the Silver Tower—Germany's highest building until 1990—were considered a trendsetter. One of the tower's innovations was the Telelift developed specifically for the building, a transportation system covering multiple storeys to assist internal communication. In contrast to the letter chute common at the time, this system offered the possibility of sending larger attachments, such as whole files, with a message. The individual floor stations of the Telelift served as the central input and output for the work documents, around which were grouped the work islands, consisting of several individual desk systems designed by the architects, similar to the grid structure of the cashiers' hall in the Zinßer Haus, conceived eight years before. To avoid the impression of boundaries or closed spaces, the area was structured using dividing walls just 1.4 metres in height, also in corporate green.

The only element shooting upwards was Aicher's structural design for the signage and navigational system for each floor, conceived as a kind of organism—the workstations incorporated an integrated system of information masts. These area markers used a coded system of letters and numbers to show the location of each work group. In addition, a clock dial opposite the main support column would display the time.

Dresdner Bank's corporate design made history. Of course, it is safe to say that neither the customer service models that were implemented nor the internal workspace would satisfy the needs of today's PowerPoint economy. Many of these design parameters are outmoded today. No corporation would nowadays consider giving the customer waiting area a homely atmosphere with an expansive seating area and newspapers to read. Other elements, such as the incorporation of brand logos in the spaces, have been developed further. Today, tighter spatial concepts suggest shorter waiting times—even if this does not necessarily correspond to the customers' experience. But should we really keep frequenting the local branch of our bank at all? At this moment, for economic and other reasons, this is not the primary interest of the financial institutions. The daily bank service has largely vanished into the Internet.

Seldom has such a strong and coherent image been developed as that of Dresdner Bank in the 1970s. An image that even today—setting aside the retro-design aspect—triggers many emotions, as was intended at the time. This is a feat that to this day many designs have failed to achieve.

A first version of this text was published in the *Frankfurter Allgemeine Zeitung* on 29 December 2009.

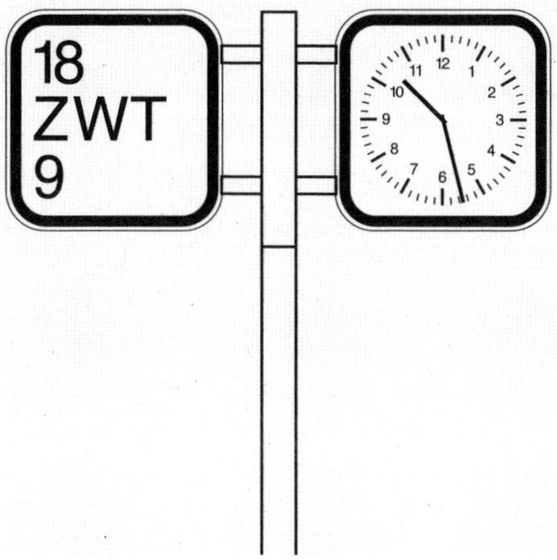

Leit- und Navigationssystem im Silver Tower, entworfen von Otl Aicher/ Signage and navigational system in the Silver Tower, designed by Otl Aicher

Dresdner Bank
Visuelles Erscheinungsbild

Otl Aicher

Entwicklung der Institutionswerbung

Werbung gibt es seit der Jahrhundertwende, zunächst im Bereich weniger Markenartikel-Hersteller. Ein allgemeines Werbebewußtsein hat sich aber erst nach dem Ersten Weltkrieg entwickelt.
Zunächst wurde geworben für Produkte und Marken. Seit den dreißiger Jahren gibt es die erste Werbung für Institutionen. Die Werbung für Institutionen, Imagewerbung, wird inzwischen vielfach der Werbung für Produkte oder Leistungen übergeordnet.
Bei Geldinstituten gibt es erst seit jüngerer Zeit ein dem produzierenden Gewerbe entsprechendes Werbebewußtsein. Von Anfang an wird dem Umstand Rechnung getragen, daß der Kunde zuerst in der Institution seinen Vertrauenspartner sucht und nicht in der einzelnen Leistung. Das Bedürfnis der Geldinstitute, sich dem Kunden zu zeigen, führte in den letzten Jahren zu bewußter Entwicklung eines Erscheinungsbildes.

Was ist ein Erscheinungsbild?

Die Qualität der Angebote von Produktion, Technik und Dienstleistung gleicht sich in zunehmendem Maße an. Obwohl heute Benzin gleich Benzin ist, gibt es deutliche Bezeichnungen zugunsten dieser oder jener Marke. Sie orientiert sich an signalisierten Merkmalen wie Farben, Zeichen und Schriften.
In der Korrespondenz mit diesen Zeichen manifestiert sich bei Kunden – das ist erwiesen – ebenso eine Erwartung, wie auch die Reaktion auf das Unternehmensangebot. Der Kunde mißt die Institution an seinem eigenen Wunschbild und Bedarf und nicht nur an dem tatsächlichen Angebot. Dementsprechend hat sich das Erscheinungsbild an der Zielgruppe zu orientieren und sucht eine Übereinstimmung zwischen Selbstdarstellung des Unternehmens und des Kundenkreises.
Es ist vorab zu ermitteln, welche Vorstellung und Erwartung der Kunde von seinem Vertrauenspartner hat.

Erwartung und Vorstellung

Die Dresdner Bank ist weder Sparkasse noch Deutsche Bank. Sie ist in ihrem Schwerpunkt weder die Bank der Großindustrie noch die des Spargroschens und besitzt weder die Anonymität der Konzerne noch die des

kleinen Mannes. Die Dresdner Bank ist eine Institution engagierter selbständiger Individuen, selbstbewußter Einzelner, wie sie hauptsächlich bei leitenden Angestellten, Unternehmern und in den freien Berufen zu finden sind.
Man erwartet von der Dresdner Bank eine sehr hohe Persönlichkeitsorientierung sowohl auf die Dienste, die sie bietet, wie auch auf die Umgebung, in der sie einen empfängt, bezogen.
Die Kritik, die hier anzumelden wäre, ist bekannt. Auf der anderen Seite ist augenfällig, daß gerade eine Bank, die darauf angewiesen ist, ihren Kunden als Person zu sehen, im Verhalten, im Angebot der Leistung und im baulichen Rahmen sich deutlich zu präsentieren hat.
Insgesamt gilt die Dresdner Bank als solche mit einem humanen Gebaren, mit einem persönlichen Umgangston, aber in den feudalen Hallen eines repräsentativen Klassizismusses mit noch relativ viel Marmor und Gold.

Der neue Kunde

Der Kunde von 1975 ist ein anderer als der von 1955. Die Gesellschaftspyramide dreht sich um zugunsten einer breiten Schicht von Menschen, denen Initiative und Intelligenz abverlangt wird. Ebenfalls verändern sich die Lebensinhalte. Die Freizeit nimmt zu und mit ihr ein deutliches Ja zu jugendlichen, dynamischen Aktivitäten. Der Verminderung der Armut entspricht auf der anderen Seite das verminderte bewußte Streben nach Besitz und Prestige. Sicherheit genügt. Im Vordergrund steht, daß das Leben auch gelebt sein will; dementsprechend ein freieres Verhältnis zum Konsum.
Geld und Umgehen mit Geld gehört zu den neuen Selbstverständlichkeiten auch schon in der jüngeren Generation. Dementsprechend rückt die Bank und ihre Dienstleistung in den Bereich der selbstverständlichen Institution, vorausgesetzt die Bank beseitigt die Barriere der Erhabenheit und Ehrwürdigkeit, die bisher zum gepflegten Habitus gehörte.
Wenn eine Bank sich in Verhalten und Erscheinung dem neuen Kunden zuordnen muß, dann ist es die Dresdner Bank, Ihrer Tradition und ihrem Ruf nach ist sie die am meisten kontaktorientierte.

Folgerungen für ein neues Erscheinungsbild

1. Die Farbe Gold wird eliminiert. Dagegen wird wesentlich betonter Bestandteil die Farbe Grün. Grün ist frisch, optimistisch, nicht extravagant.

2. Grün wird als Hausfarbe betont. Es gibt im Bereich der Bank verschiedene Grüns, eines mit dominierender Bedeutung, aber doch noch so viel, daß der Eindruck des Stereotypen und Uniformen vermieden wird. Kennzeichen des neuen Erscheinungsbildes ist nicht Gleichförmigkeit und Strenge, sondern Freiheit, Vitalität und Seriosität.

3. Das Logogramm „Dresdner Bank“ ist so positiv, daß auf ein Firmenzeichen verzichtet wurde. Das neue Zeichen ist der alte Name.

4. Entsprechend der Bedeutung dieses Namens wird er betont, allerdings ohne repräsentative Mittel. Er wird in einen grünen (manchmal auch weißen oder schwarzen) Streifen gestellt. Es entsteht ein zusätzliches, sekundäres, visuelles Merkmal.

5. Die Schrift ist modern, nicht klassizistisch, aber ohne die willkürlichen modischen Eintagserscheinungen. Es ist eine Gebrauchsschrift von hoher Qualität.

6. Die Anwendungsprinzipien für diese Elemente, ihre Gebrauchs- und Anordnungsrichtlinien entsprechen denen der Rationalität, Funktionalität und Objektivität, wie sie unserem technischen Zeitalter zugrunde liegen.

7. Alle bildlichen Mitteilungen erfolgen auf der Grundlage der Farbfotografie. Der bisher eingeschlagene Weg ist vorbildlich und verdient Auswertung, Verdichtung und Steigerung.

Hauptmerkmale

Die wesentlichen Elemente des Erscheinungsbildes sind (vorwiegend) grüne Streifen mit dem Namen „Dresdner Bank“, die dominierende Verwendung der Farbfotografie und die typische Gestaltung aller Drucksachen bis zum einfachsten Durchschreibformular.
Alle Elemente sind als variable und flexible, nicht als stereotype Konstanten zu verstehen. So entsteht ein Erscheinungsbild der Kongruenz, nicht der Uniformität. Es ist mehr Haltung als Norm, mehr Klang als Ton, mehr Stimmung als Bestimmung.
Die Schwierigkeiten bei der Handhabung sind in Kauf zu nehmen.
Voraussetzung, gerade bei einem sehr frei wirkenden Erscheinungsbild, ist Strenge und Konsequenz im Entwurf und in der Gestaltung. Dies gilt vor allem für die Fotografie.

Fotografie

Grundsätzlich keine Atelier- nur Lifeaufnahmen. Grundsätzlich keine gestellten nur Momentaufnahmen. Die Absicht ist, dem Kunden seine eigene Art zu leben und die Art zu leben, wie er sie sich wünscht, vorzustellen. Dieses Leben ist frei, ungezwungen, unternehmend.
Grundsätzlich keine Geldmotive nur Lebensmotive. Geld ist ein Mittel aber kein Zweck. Es gestattet, sich frei zu machen, sich selbst zu sein, das eigene Leben zu leben, auf eigene Weise sich die Welt zu erobern.

Grundsätzlich keine Postkartenaufnahmen, immer Aufnahmen mit Personen, und zwar mit Personen, mit denen man sich identifizieren kann.
Im Mittelpunkt steht eine engagierte Individualität. Sie sieht die Welt nicht nach einem Bildungskatalog, sondern mißt sie nach Erlebniswerten.
Grundsätzlich keine Panorama-Aufnahmen, nur Situationen. Das Leben ist die Summe von Augenblicken, nicht die Abwicklung eines vorgegebenen Programmes.
Nötig wäre auf lange Sicht, zwei, drei Fotografen der Spitzenklasse, die dieser Motivation zugetan sind, zu beauftragen, ein Bildarchiv aufzubauen und für eine breite Streuung dienstbar zu machen.
Angenommen die Mitteilungsform verlagert sich – was durchaus gelegentlich denkbar ist – von der bildlichen Aussage auf die verbale Argumentation, müßten für die Textgestaltung ähnliche Kriterien gelten wie für die bildliche Mitteilung. Der Text müßte der Sprachwelt und Denkwelt des Kunden entsprechen, und dieser müßte sich in den Äußerungen der Bank selbst wiedererkennen.

Schlußbemerkung

Die Elemente des Erscheinungsbildes sind, wenn sie einmal akzeptiert werden, zwingend. Der Erfolg liegt in der Prägnanz, dementsprechend in einer konsequenten Anwendung. Gerade ein System mit variablen Elementen erfordert eine langfristige, beharrliche Strategie zur Ermittlung des gegebenen Spielraumes, wie auch zur signifikanten Ausbildung des Bildes der Bank.

(Juni 1970)

Dresdner Bank
Visual Appearance

Otl Aicher

Development of institutional advertising

Advertising has existed since the turn of the century, initially just in the area occupied by a few brand-name manufacturers. A general awareness of advertising only developed after the First World War.
To begin with, it was products or brands that were advertised. In the 1930s advertisements for institutions appeared for the first time. Since then advertising for institutions or image advertising has often been seen as superior to advertising for products or services.
Financial institutions have only recently developed an awareness of advertising that approaches that of the manufacturing industry. Right from the outset there is an appreciation of the fact that the customer is looking for a trusted partner in the institution rather than for a specific service. Over the past years the banks' eagerness to present themselves to their customers has led them to consciously develop corporate identities.

What is a corporate identity?

The quality of products, technology, and services is becoming increasingly hard to differentiate. Although, today, petrol is petrol wherever you go, there are clear distinctions between one brand and another. They are signalled by features like colours, symbols, and fonts.
It has been shown that these signals prompt certain expectations in customers, which are just as important as their response to what the company or institution is offering them. The customer measures the institution against his or her own ideals and requirements, and does not simply judge it by the actual choices it offers. For this reason the corporate identity needs to be focused on the target audience and seek a consistency between the self-promotion of the company and the perception of its customer base.
It is important to determine in advance the perceptions and expectations the customer has of their trusted partner.

Expectation and perception

The Dresdner Bank is neither a savings bank nor the Deutsche Bank. It is not the bank of big industry or of private nest eggs, and it doesn't possess the anonymity of either the large corporation or the man in the street. The Dresdner Bank is an institution of dedicated, independent individuals,

of confident characters primarily to be found among senior executives, entrepreneurs, and independent professionals.
People expect a high degree of individual customer orientation both with regards to the services the bank offers and the setting in which customers are received.
The criticism that could here be levelled at this is well known. On the other hand, it is obvious that a bank that relies on seeing its customers as individuals must present itself clearly, in its behaviour, in the services it offers, and in its architectural setting.
All in all, the Dresdner Bank is seen as a bank with a human touch, with a personal atmosphere, even if there is still quite a bit of marble and gold in its prestigious, neoclassicist feudal halls.

The new customer

The customer of 1975 is different from the customer of 1955. The social pyramid has been reversed in favour of a broad class of people of whom initiative and intelligence is required. What has also changed is people's purpose in life. The amount of disposable leisure time is increasing and with it an affirmation of lively, youthful activities. The reduction of poverty is also matched by a decrease in the conscious pursuit of possessions and prestige. Security is sufficient. The prevailing view is that life is there to be lived; accordingly there is a freer relationship to consumption.
The younger generation has grown used to money and dealing with money. Because of this the bank and its services are now taken for granted as institutions, although the bank needs to eliminate the barrier of grandeur and venerability, which have been part of the image it has cultivated up to now. If there is one bank that should align itself with its new customers in terms of attitude and appearance, it is the Dresdner Bank. According to its tradition and reputation, it is the most relationship-driven.

Proposals for a new corporate identity

1. The colour gold is to be eliminated. Instead, a strong emphasis will be put on the colour green. Green is fresh and optimistic, not extravagant.

2. Green is emphasized as the brand colour. Within the bank environment there are different greens, one of them with a dominant impact, but still enough variety to avoid the impression of stereotype and uniformity.
The hallmark of the new corporate identity is not uniformity and severity but freedom, vitality, and integrity.

3. The logogram "Dresdner Bank" is so positive that a decision was made to do without a logo. The new logo is the old name.

4. The name is highlighted to indicate its importance, though no special representational devices are employed. It is presented on a green (sometimes also white or black) stripe. This creates an additional, secondary visual feature.

5. The font is modern, not classical, but without any arbitrary, fleeting appeal to fashion. It is a high-quality utilitarian typeface.

6. The application principles for these elements and the guidelines for their use and layout parallel the rationality, functionality, and objectivity that form the basis of our technological age.

7. Colour photography is at the heart of all the bank's visual communication. The current approach seems ideal and deserves evaluation, consolidation, and further development.

Principal characteristics

The main features of the corporate identity are (primarily) green stripes with the name "Dresdner Bank", the dominant use of colour photography, and the characteristic layout of all printed matter down to the most basic multipart form.
All elements should be seen as variable and flexible, not as stereotypical constants. A corporate identity that is formed in this way is based on congruence rather than uniformity. It is more mindset than norm, more sound than note, more feel than rule.
The difficulties involved in managing all this are accepted. For a corporate identity to convey a sense of freedom, there must be rigour and consistency in the design and composition. This is particularly true for the photographs that are used.

Photography

Absolutely no studio shots, only live shots. No posed shots, only snapshots. The idea is to present the customers with their way of life or the way of life they aspire to. This life is free, easy-going, and enterprising.
Absolutely no money motifs, only motifs taken from life. Money is a means not an end. You are licensed to free yourself, to be yourself, to live your own life, to conquer the world in your own way.
Absolutely no picture-postcard images, only images with people, and always with people with whom you can identify. The focus is on active individuality, a person who does not view the world according to a received cultural canon but judges it in the light of his or her own experience.
Absolutely no panorama shots, only situations. Life is the sum total of

multiple moments, not the execution of a predetermined programme.
In the long term it would be imperative to assign two or three top-class photographers the task of building up a picture archive and of making it available for broad application.
Should the communication form shift—as is possible from time to time—from visual statements to verbal arguments, the criteria applied to designing the texts would have to be similar to those applied to visual communication. The text would have to correspond to the language and thinking of the customer, who should be able to recognize him- or herself in any statements made by the bank.

Conclusion

Once they are accepted, the elements that go into the corporate identity must be stringently observed. Their success is rooted in their conciseness and in their systematic application. A system with variable elements is in particular need of an unwavering long-term strategy to determine the degree of latitude available and ensure an appreciable development of the bank's image.

(June 1970)

Abbildungsverzeichnis/
List of Works

(T) Triptychon/ triptych

Matthias Hoch

geboren 1958 in Radebeul, studierte Fotografie an der Hochschule für Grafik und Buchkunst Leipzig. Nach DAAD-Studienaufenthalten an der Universität Essen und in Großbritannien lehrte er von 1993 bis 1998 als künstlerischer Assistent an der HGB Leipzig. 2003 erhielt er ein Stipendium der Deutschen Akademie Villa Massimo in Rom, 2013 ein Stipendium des Goethe-Instituts für die Villa Kamogawa in Kyoto. Er lebt in Leipzig.

Born 1958 in Radebeul, he studied photography at the Academy of Visual Arts Leipzig (HGB). He received funding from the German Academic Exchange Service (DAAD) to study at the University of Essen and in the UK, and then went on to work as an assistant in the arts department, teaching at the HGB in Leipzig from 1993–8. In 2003 he was awarded a scholarship by the German Academy Rome Villa Massimo, and in 2013 he received a grant from the Goethe-Institut to do a residency at the Villa Kamogawa in Kyoto. He lives in Leipzig.

Harald Kunde

geboren 1962 in Halle/Saale, Studium der Kunstgeschichte und Germanistik an der Universität Leipzig, Kurator und Publizist. Von 1995 bis 2002 leitete er das Kunsthaus Dresden, von 2002 bis 2008 das Ludwig Forum für Internationale Kunst, Aachen. Danach unterrichtete er als Honorarprofessor am Institut für Kunstgeschichte der RWTH Aachen. Seit 2012 ist Harald Kunde Direktor des Museums Kurhaus Kleve.

Born 1962 in Halle/Saale, he studied art history and German language and literature at the University of Leipzig, and works as a curator and journalist. From 1995 to 2002 he ran the Ludwig Forum for International Art in Aachen. He then taught as an honorary professor in the Department of Art History at the RWTH Aachen. Since 2012 he has been the director of the Museum Kurhaus Kleve.

Andreas Maier

geboren 1967 in Bad Nauheim, studierte Altphilologie, Germanistik und Philosophie in Frankfurt am Main und ist Doktor der Philosophie im Bereich Germanistik. Seine Romane wurden in mehr als zehn Sprachen übersetzt, er erhielt zahlreiche Literaturpreise. Letzte Veröffentlichungen: *Das Zimmer* (2010), *Das Haus* (2011), *Die Straße* (2013), alle im Suhrkamp Verlag, Berlin. Andreas Maier lebt in Frankfurt am Main.

Born 1967 in Bad Nauheim, he studied classics, German language and literature, and philosophy in Frankfurt am Main, and has a PhD in German studies. His novels have been translated into more than ten languages and he has received numerous literary awards. His recent publications include: *Das Zimmer* (The Room, 2010), *Das Haus* (The House, 2011), *Die Straße* (The Street, 2013), all published by Suhrkamp Verlag, Berlin. He lives in Frankfurt am Main.

Markus Weisbeck

geboren 1965 in Offenburg, Designer (MA), Gründer und Geschäftsführer von Surface, Gesellschaft für Gestaltung, Frankfurt am Main und Berlin. Seit 2011 ist Markus Weisbeck Professor für Grafikdesign und Visuelle Kommunikation an der Bauhaus Universität Weimar. Er entwickelte das Corporate-Design u.a. für The Forsythe Company und das Museum für Moderne Kunst in Frankfurt am Main.

Born 1965 in Offenburg, he has an MA in design and is the founding director of Surface Gesellschaft für Gestaltung, Frankfurt am Main/Berlin. Since 2011, he has been professor of graphic design and visual communication at the Bauhaus University Weimar. Among others he developed the corporate design for The Forsythe Company and for the Museum of Modern Art in Frankfurt am Main.

Impressum/
Imprint

Diese Publikation erscheint anläßlich der Ausstellung/ This catalogue is published in conjunction with the exhibition Matthias Hoch, Silver Tower Museum Kurhaus Kleve, 29.9.–24.11.2013

Weitere Stationen/ Subsequent venues Kunstmuseum Kloster Unser Lieben Frauen Magdeburg; Städtische Galerie Wolfsburg, 19.1.–27.4.2014

Herausgeber/ Editor: Harald Kunde, Museum Kurhaus Kleve

Die Publikation wurde gefördert von/ This publication was sponsored by: Museum Kurhaus Kleve; Kunstmuseum Kloster Unser Lieben Frauen Magdeburg; Städtische Galerie Wolfsburg; Eugen-Gutmann-Gesellschaft e.V., Frankfurt am Main; Galerie Jochen Hempel, Leipzig/Berlin

Für Unterstützung, Rat und Hilfe geht der Dank des Künstlers an/ The artist thanks the following for support, advice, and help: Kay Bachmann, Markus Dreßen, Jochen Hempel, Carsten Humme, Detlef Krause, Harald Kunde, Annegret Laabs, Ben Loveless, Harald Maack, Andreas Maier, Claes Nordenhake, Susanne Pfleger, Mike Reusch, Till Schneider, Michael Schumacher, Gerd Stenmans, Ralf Suermann, Jan Wenzel, Jessica Witan, Erich Würz-Huß, Barbara Zeit

Die Entstehung dieses Projektes wurde durch ein Arbeitsstipendium der Kulturstiftung des Freistaates Sachsen gefördert./ This project was made possible by a work grant from the Kulturstiftung des Freistaates Sachsen.

Lektorat/ Copyediting:
Jan Wenzel (dt.),
Simon Cowper (engl.)
Übersetzung ins Englische/ Translation into English:
Jan Caspers, Gunnar Wendel, Eva Wilson
Gestaltung/ Graphic Design:
Markus Dreßen (Spector Bureau), Kay Bachmann (B/P)
Reproduktion/ Reproduction:
Carsten Humme, humme.com
Gesamtherstellung/ Printed by:
DZA Druckerei zu Altenburg GmbH

Erschienen im Verlag/ Published by:
Spector Books
Harkortstraße 10
04107 Leipzig
Deutschland/ Germany
Tel. +49 341 264 51 012
Fax +49 341 212 24 11
www.spectorbooks.com

Auslieferung/ Distribution in Deutschland, Österreich/ Germany, Austria:
GVA Gemeinsame Verlagsauslieferung Göttingen GmbH & Co. KG
www.gva-verlage.de

Auslieferung in der Schweiz/ Distribution in Switzerland:
AVA Verlagsauslieferung AG
www.ava.ch

Auslieferung/ Distribution in the UK, France, Japan:
Anagram Books Ltd
www.anagrambooks.com

Auslieferung/ Distribution in the USA:
RAM Publications + Distribution Inc.
www.rampub.com

Es erscheint eine Vorzugsausgabe. Nähere Informationen erhalten Sie beim Verlag./ A collector's edition is available. Please contact Spector Books for more information.

ISBN 978-3-944669-01-4

Printed in Germany